Jürgen Weber, Anton Preis und Ulrich Boettger
Neue Anforderungen an Controller

Herausgeber der Schriftenreihe: Prof. Dr. Dr. h.c. Jürgen Weber

Prof. Dr. Dr. h.c. Jürgen Weber lehrt Controlling an der WHU – Otto Beisheim School of Management in Vallendar. Seine Devise ist: »Nichts ist so gut für die Praxis wie eine gute Theorie«. Er ist Herausgeber der *Zeitschrift für Controlling & Management* sowie Autor zahlreicher Fachartikel und Bücher, u. a. der *Einführung in das Controlling*, und darüber hinaus einer der Gründungspartner der Managementberatung CTcon.

Dipl.-Kfm. Dipl.-Wirtsch.-Inf. Anton Preis ist wissenschaftlicher Mitarbeiter am Institut für Management und Controlling (IMC) der WHU – Otto Beisheim School of Management. Im Bereich der betriebswirtschaftlichen Forschung befasst er sich mit Controller-Anforderungsprofilen.

Dr. Ulrich Boettger leitet das Corporate Controlling bei BASF. Zuvor war er in verschiedenen Funktionen in den Bereichen Finanzen und Controlling im In- und Ausland für BASF im Einsatz.

Jürgen Weber, Anton Preis und Ulrich Boettger

Herausgeber der Schriftenreihe:
Prof. Dr. Dr. h.c. Jürgen Weber

Neue Anforderungen an Controller

Ergebnisse aus der Unternehmenspraxis

Advanced Controlling, Band 75

WILEY-VCH Verlag GmbH & Co. KGaA

1. Auflage 2010

Alle Bücher von Wiley-VCH werden sorgfältig erarbeitet. Dennoch übernehmen Autoren, Herausgeber und Verlag in keinem Fall, einschließlich des vorliegenden Werkes, für die Richtigkeit von Angaben, Hinweisen und Ratschlägen sowie für eventuelle Druckfehler irgendeine Haftung.

**Bibliografische Information
der Deutschen Nationalbibliothek**
Die Deutsche Nationalbibliothek verzeichnet diese Publikation in der Deutschen Nationalbibliografie; detaillierte bibliografische Daten sind im Internet über http://dnb.d-nb.de abrufbar.

© 2010 WILEY-VCH Verlag GmbH & Co. KGaA, Boschstraße 12, 69469 Weinheim, Germany

Alle Rechte, insbesondere die der Übersetzung in andere Sprachen, vorbehalten. Kein Teil dieses Buches darf ohne schriftliche Genehmigung des Verlages in irgendeiner Form – durch Fotokopie, Mikroverfilmung oder irgendein anderes Verfahren – reproduziert oder in eine von Maschinen, insbesondere von Datenverarbeitungsmaschinen, verwendbare Sprache übertragen oder übersetzt werden. Die Wiedergabe von Warenbezeichnungen, Handelsnamen oder sonstigen Kennzeichen in diesem Buch berechtigt nicht zu der Annahme, dass diese von jedermann frei benutzt werden dürfen. Vielmehr kann es sich auch dann um eingetragene Warenzeichen oder sonstige gesetzlich geschützte Kennzeichen handeln, wenn sie nicht eigens als solche markiert sind.

Printed in the Federal Republic of Germany

Gedruckt auf säurefreiem Papier.

Satz Kühn & Weyh, Freiburg
Druck und Bindung CPI – Ebner & Spiegel GmbH, Ulm
Umschlaggestaltung init GmbH, Bielefeld
ISBN: 978-3-527-50517-3

Inhalt

Vorwort 7

1 Warum sollten Unternehmen die Anforderungen an ihre Controller kennen? 9
Ausgangslage und Relevanz 9
Zusammenhang von Anforderungen, Aufgaben und Stellen 10
Fallstricke aus Unkenntnis von Controller-Anforderungsprofilen 11

2 Wie kann man Anforderungen an Controller bestimmen? 13
Normative Festsetzung eines Anforderungsprofils 13
Die Analyse von Stellenanzeigen 15
Fragebogengestützte Erhebungen 17
Zusammenfassung 19

3 Welche aktuellen Ergebnisse bietet die Praxis? 21
Zwei aktuelle qualitative Studien als Basis 21
Fachlich-Methodische Fähigkeiten 23
Geschäftskenntnis 29
Persönliche Fähigkeiten 31
Controller-Anforderungen: zentral versus dezentral 40
Controller-Anforderungen im Kontext 45
Zusammenfassung 50

4 Praxis konkret: Business Partnering im Controlling bei BASF 53
Das Unternehmen 53
Entwicklung und Organisation des Controllings innerhalb der BASF 54
Weiterentwicklung der Controller-Rolle 56
Was macht einen guten Controller aus? – 12 Thesen 57
Business Partnering-Projekt und Verzahnung mit
Personalentwicklungsinstrumenten im Controlling 62

5 Was können wir lernen? 65

6 Literaturverzeichnis *69*

7 Stichwortverzeichnis *71*

In eigener Sache *72*

Vorwort

Liebe Leser,

mit den »Neuen Anforderungen an Controller« halten Sie den 75. Band der Schriftenreihe Advanced Controlling in Händen – quasi einen Jubiläumsband.

Die ursprüngliche Idee zur Schriftenreihe resultierte aus der Einsicht, dass trotz aller transferbezogenen Publikationen zum Controlling eine wichtige Lücke bestand: Zeitschriftenartikel sind zwar aktuell, aber kurz. Sie können ein Thema nur skizzieren. Bücher decken eine Thematik komplett ab, erfordern zu ihrem Studium aber sehr viel Zeit. Deshalb reifte 1997 der Entschluss, die Lücke mit einem neuen Format zu füllen. Dieses sollte kompetent und hinreichend ins Detail gehend aktuelle Fragen im Controlling behandeln und so prägnant und leicht lesbar formulieren, dass ein innerdeutscher Flug oder eine Bahnreise zwischen zwei Terminen ausreicht, um sich hinreichend zu informieren. Kein aktuelles Thema sollte ausgelassen werden. Die Leser der Schriftenreihe sollten in allen »hot topics« gesprächsfähig sein.

Mittlerweile sind über 10 Jahre vergangen, und allein die Tatsache, dass die Schriftenreihe fortbesteht, bestätigt die Tragfähigkeit der Idee. Viele Themen haben wir sehr früh behandelt – so etwa die Marktorientierung der Controller, das Risikomanagement oder das Thema Controlling & Innovation. Dauerbrenner (wie Reporting) fehlen ebenso wenig wie leicht esoterisch anmutende Themen (was Controller von der Theorie wissen müssen).

Für den Band 75 haben wir uns eine Thematik ausgesucht, die für die Schriftenreihe typisch ist: Das Thema neue Anforderungen an Controller hat einen erheblichen praktischen Wert, so dass die Empfehlungen Ihnen, unseren Lesern, konkrete Hilfestellung leisten können. Das Thema ist hoch aktuell, weil die Entwicklung des Controllers zum Businesspartner ganz neue Anforderungen an die Controller stellt. In den Band fließt erhebliche praktische Erfahrung ein, diesmal speziell aus dem Hause BASF, die ein eigenes Kapitel beisteuern. Schließlich fußt der Band auch auf umfangreicher Forschungsarbeit, welche weniger konzeptioneller, mehr empirischer Art ist. Und noch ein Merkmal unserer Schriftenreihe wird an diesem Band deutlich: Die Advanced Controlling-Reihe richtet sich zwar vorrangig, aber nicht ausschließlich an Controller. Vielmehr finden sich seit Jahren auch viele Manager unter den Lesern. Auch für sie ist das Thema Anforderungen an Controller wichtig und spannend, sind sie es doch, die diese Anforderungen formulieren sollten.

Ich wünsche Ihnen viel Spaß beim Lesen!

Jürgen Weber

1 Warum sollten Unternehmen die Anforderungen an ihre Controller kennen?

Ausgangslage und Relevanz

Die Aufgaben, die Controller im Unternehmen wahrnehmen, waren in den letzten Jahrzehnten stetigen Veränderungen unterworfen und unterliegen heute noch großer Dynamik. Waren Controller früher als Zahlenknechte und Erbsenzähler verschrien, sind sie heute – idealerweise – zu geschätzten Businesspartnern und kritischen Counterparts des Managements geworden. Controller entlasten, ergänzen und begrenzen das Management. Erfolgreiche Controller wirken zudem positiv auf den Unternehmenserfolg, wie in empirischen Studien mehrfach nachgewiesen wurde (vergleiche Weber 2009). Ursprünglich aus der Kostenrechnung kommend, wurde dem Controller im Laufe der Jahrzehnte umfangreiche und vor allem thematisch breite Verantwortung übertragen. Die betriebswirtschaftliche Forschung hat sich entsprechend intensiv mit den Aufgaben der Controller, der so genannten Controllership, und deren Wandel auseinandergesetzt (vergleiche Spatz 2008).

Sucht man jedoch nach Anhaltspunkten für ein Anforderungsprofil von Controllern, so finden sich in der Literatur nur wenige Quellen, die sich detailliert und explizit mit dem benötigten Wissen und den Fähigkeiten von Controllern auseinandersetzen. In diesen Quellen dominieren lange Listen mit Anforderungen. Das Bild vom Controller wird jedoch nicht näher spezifiziert oder aus verschiedenen Blickwinkeln betrachtet. Die Frage, welche Controller unter welchen Umständen mit welchen Fähigkeiten besonders begabt sein sollten, wird nicht diskutiert. Vielmehr wird die Fülle an Anforderungen etwas hämisch als eine »Selbstbeweihräucherung zum Supermann« bezeichnet (Schneider 1991, S. 765).

Ausgehend von diesen noch offenen Fragen steht der vorliegende Band 75 der Advanced Controlling-Reihe im Zeichen von aktuellen Anforderungen an Controller. Zunächst wird in diesem Band erläutert, warum Unternehmen die Anforderungen an »ihre« Controller besser kennen sollten und welche Vorteile sich möglicherweise aus einem solchen Wissensvorsprung gegenüber anderen Unternehmen ergeben. In Kapitel 2 wird kurz gezeigt, welche Möglichkeiten die Controllingforschung bietet, sich den Anforderungsprofilen an Controller anzunähern. Dies kann auch als Ausgangspunkt für entsprechende Erhebungen im eigenen Unternehmen genutzt wer-

In der Literatur wird von Controllern viel gefordert, aber das Bild ist sehr unspezifisch

den. Das umfangreiche Kapitel 3 beinhaltet unternehmensübergreifende empirische Ergebnisse zur Fragestellung des vorliegenden Advanced Controlling-Bandes. Kapitel 4 bietet ein konkretes Praxisbeispiel aus dem Unternehmen BASF. Hier wird erläutert, wie dieses weltweit agierende Großunternehmen die Rolle seiner Controller definiert und was aus Sicht der BASF einen guten Controller ausmacht. Kapitel 5 schließlich steht – wie in dieser Schriftenreihe gewohnt – ganz im Zeichen des praktischen Nutzens, den Sie aus bis dahin erläuterten Erkenntnissen für Ihr Unternehmen ziehen können.

Zusammenhang von Anforderungen, Aufgaben und Stellen

An dieser Stelle soll der Begriff des Anforderungsprofils noch kurz definiert werden. Wie so viele Termini in der Betriebswirtschaftslehre ist auch dieser keineswegs einheitlich gebraucht. Unter einem Anforderungsprofil ist eine möglichst schriftliche »Dokumentation der Fähigkeiten und der Kenntnisse von Führungskräften beziehungsweise Mitarbeitern, die zur Erfüllung bestimmter Stellenarten erforderlich sind« (Stock-Homburg 2008, S. 12) zu verstehen. Hier sind wir bereits beim nächsten relevanten Begriff in diesem Zusammenhang angelangt, nämlich bei der Stelle. Doch beginnen wir der Reihe nach, indem wir zunächst kurz das Unternehmen als Organisation betrachten und uns den Zusammenhang zwischen Aufgaben, Stellen und schließlich den Anforderungen vor Augen führen.

Einzelne Aufgaben in einem Unternehmen lassen sich zu übergeordneten Aufgaben zusammenfassen. Man könnte sogar soweit gehen und eine alles umfassende »Unternehmensaufgabe«, die den Zweck eines Unternehmens beschreibt,

Das Anforderungsprofil ist eng mit der Stelle verbunden

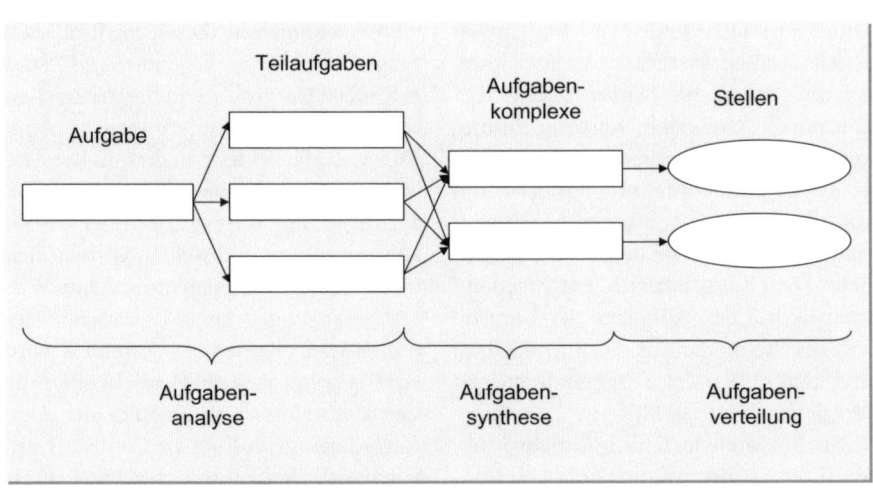

Abbildung 1: Von Aufgaben zur Stellenbildung in einer Organisation
Quelle: nach Bleicher 1991, S. 49

definieren. Je nach organisationstheoretischer Betrachtungsweise kann diese Aufgabe beispielsweise bereits feststehen, ein Ergebnis der Arbeitsteilung von Unternehmen und Markt darstellen, oder von den Verfügungsrechten im Unternehmen bestimmt sein (vergleiche Bea/Göbel 2006, S. 256). Zur Verwirklichung der Gesamtaufgabe wird im Unternehmen eine Vielzahl von Teilaufgaben ausgeführt. Diese werden im Rahmen der so genannten Aufgabenanalyse aufgefunden, an deren Ende sämtliche Teilaufgaben, die im Unternehmen anfallen, im Detail beschrieben sein sollten. Dabei ergeben sich viele, teilweise eng umrissene Elementaraufgaben. Diese werden bei der Aufgabensynthese wieder sinnvoll zusammengefügt. Üblicherweise wird bei der Aufgabensynthese versucht, ähnliche Teilaufgaben zusammenzufassen, um Spezialisierungsvorteile zu erzielen.

Aufgaben werden durch Personen wahrgenommen. Entsprechend werden die in der Aufgabensynthese gewonnenen Aufgabenkomplexe auf Stellen verteilt, denen schließlich Personen zugeordnet werden. Abbildung 1 gibt über das eben Erläuterte nochmals zusammenfassend Aufschluss. Grundlage der Aufgabenverteilung ist also die Stellenbildung. Eine Stelle kann dabei als versachlichter personenbezogener Aufgabenkomplex bezeichnet werden (vergleiche Bea/Göbel 2002, S. 219).

Die Bildung von Stellen im Unternehmen ist eng mit dem Anforderungsprofil verknüpft, denn im Rahmen einer Stellenbeschreibung gilt es nicht nur die organisatorische Einordnung der Stelle sowie deren Ziele und Hauptaufgaben zu beschreiben, sondern auch die Anforderungen an den Stelleninhaber zu definieren.

Idealerweise wird eine Stelle unabhängig von einer bestimmten Person gebildet und kann so im Laufe der Zeit von verschiedenen Stelleninhabern ausgeführt werden. Es erfolgt eine Stellenbildung »ad rem«. Dies bedeutet, dem lateinischen Begriff entsprechend, »der Sache nach«, also aufgabenbezogen. Im anderen Fall erfolgt eine Stellenbildung »ad personam«, folglich in Abhängigkeit von einer bestimmten Person, mit der die Stelle besetzt werden soll (vergleiche Scherm/Pietsch 2007, S. 158). Damit wird deutlich, dass Anforderungsprofile eng mit der Unternehmensorganisation verknüpft sind. Daher ist es nachvollziehbar, warum die Anforderungen an Controller bekannt sein sollten. Wen dies aber noch nicht überzeugt, der möge den folgenden kurzen Abschnitt genauer verinnerlichen, in dem eine Auswahl von Fallstricken aufgezeigt wird, die drohen, wenn einem Unternehmen die Anforderungen an seine Controller allzu unbekannt sind.

Fallstricke aus Unkenntnis von Controller-Anforderungsprofilen

Grundsätzlich sollte ein Anforderungsprofil, das aus einer Stelle abgeleitet wurde, unverzichtbare Basis eines zweckgerichteten und fairen Auswahlprozesses im Recruiting sein. Dies gilt insbesondere für eine Controllerstelle, da dort – wie wir später sehen werden – nicht nur Fachwissen zählt, sondern einiges mehr gefordert wird.

Gibt es zu Beginn eines Recruiting-Prozesses ein klar definiertes Anforderungsprofil, ist die Chance größer, dass

Aufgabenkomplexe werden auf Stellen verteilt, die Personen zugeordnet werden

Ein dokumentiertes Anforderungsprofil bringt Transparenz in Recruiting-Prozesse

Ohne Anforderungsprofil droht der Sympathieflop

sich geeignete Kandidaten bewerben. Ein Anforderungsprofil kann zudem eine wichtige Hilfestellung für Vertreter der Unternehmensseite im Vorstellungsgespräch sein. Häufig kennen Personalmanager Aufgaben und Inhalte von Controllerstellen nur vom Hörensagen. Gleichzeitig sind sie stark in die Entscheidung über die Einstellung neuer Controller eingebunden. Ein konkretes Anforderungsprofil kann dazu beitragen, einer Fehlentscheidung vorzubeugen.

Darüber hinaus kann es ohne die Hilfestellung durch ein Anforderungsprofil schnell zum so genannten Sympathieflop kommen, wenn die Entscheidungsträger die Bewerber danach beurteilen, wie gut sich beide beispielsweise über Hobbies, Urlaubsziele oder gemeinsame politische Einstellungen unterhalten haben (vergleiche Weuster 2004, S. 32). Das kann dazu führen, dass der wohl sympathische, aber wenig geeignete Bewerber eingestellt wird – ein Flop eben. Auch andere, eher zweitrangige Kriterien wie der Einstellungszeitpunkt oder die Gehaltsvorstellungen des potenziellen künftigen Controllers können ohne Anforderungsprofil über Gebühr an Gewicht gewinnen, wenn sich die Unternehmensseite für einen Bewerber entscheiden muss.

Herrscht im Unternehmen eine diskontinuierliche Qualifikationsstruktur vor – das heißt der vorgesetzte Controller, der das Fachinterview mit dem Bewerber führt, kennt das Aufgabengebiet der betreffenden Stelle nicht und kann es selbst auch nicht wahrnehmen – wird ohne Vorliegen eines Anforderungsprofils die Entscheidung für einen Bewerber quasi »blind« getroffen. Darüber hinaus sind Anforderungsprofile für die Besetzung ganz neu geschaffener Stellen essenziell. Eine zuverlässige Auswahl von Bewerbern ist nicht möglich, wenn diese dabei an Profilen bereits vorhandener Stellen gemessen werden.

Hier sollte nun einleuchtend sein, dass Controller-Anforderungsprofile im Unternehmen möglichst umfassend und weithin bekannt sein müssen. Im nächsten Kapitel wird nun gezeigt, wie sich die Controlling-Forschung den Anforderungen an Controller angenähert hat und welche Möglichkeiten es allgemein gibt, den Inhalten solcher Profile auf den Grund zu gehen. In einem nächsten Schritt werden konkrete Kenntnisse und Fähigkeiten betrachtet, die gemäß der Controllingforschung von Controllern verlangt werden.

2 Wie kann man Anforderungen an Controller bestimmen?

Normative Festsetzung eines Anforderungsprofils

Zunächst ist es möglich normativ Anforderungen an Controller zu definieren. An dieser Stelle muss unbedingt der Name Albrecht Deyhle genannt werden, der sich in gewohnt praxisgetriebener und bildhafter Weise Anfang der 1980er-Jahre mit dem Anforderungsprofil des Controllers auseinandergesetzt hat (vergleiche Deyhle 1980, S. 40 f.). Er unterteilt das Profil in methodisch-fachliche Fähigkeiten und Verhaltensanforderungen. Einen Überblick über die Inhalte bietet Abbildung 2.

Methodisch-fachlich sieht er Kenntnisse im Rechnungswesen, ganzheitlich-systematisches Denken, Abstraktionsvermögen, Erklärungsfähigkeit, Trainerbegabung, Lernfähigkeit und »eine gewisse Allroundbegabung« vorn.

Albrecht Deyhle hat sich schon früh mit den Anforderungen an Controller befasst

Methodisch-fachliche Anforderungen	Verhaltensanforderungen
– Beherrschen des Systems des Rechnungswesens – ganzheitlich-systematisch denken können – Abstraktionsvermögen – EDV-Kenntnisse – Erklärungsfähigkeit – Trainerbegabung – Kenntnis in Kommunikationsmethodik – Lernfähigkeit – Allroundbegabung – Analytische Neugier – Beherrschen von Vorgehens- und Problemlösungstechnik – Umgehen können mit Kommunikationswerkzeugen (Flipcharts, Stiften, Overhead etc.)	– die Geduld, stets aufs Neue die gleichen Sachverhalte zu interpretieren – liebenswürdige Penetranz – Toleranzbreite – Bildhafte Ausdrucksweise – Spüren, ob einer zuckt – Courage, nicht jeden Sachverhalt gleich an die große Glocke zu hängen – Hofnarren-Allüren, um unangenehme Wahrheiten so zu bringen, dass man über sich selbst lacht – Sich nicht so wichtig nehmen – Unverdrossenheit

Abbildung 2: Anforderungen an einen Controller nach Deyhle
Quelle: Deyhle 1980, S. 40

Strukturierung hilft!

An Verhaltensanforderungen sollten Controller die Geduld mitbringen, die gleichen Sachverhalte stets neu zu interpretieren, darüber hinaus liebenswürdige Penetranz, eine Toleranzbreite, bildhafte Ausdrucksweise, das »Spüren, ob einer zuckt«, Courage und eine Portion »Hofnarren-Allüren«. Hier wird schon auf den ersten Blick deutlich, dass es eine ganze Reihe an möglichen Anforderungen geben kann, die an Controller gestellt werden – und diese Übersicht von Deyhle stammt aus den frühen 1980er-Jahren!

Weiterhin ist hier offensichtlich, dass die Anforderungen an Controller zumindest einer gewissen Grundstrukturierung bedürfen, um fundiert diskutiert werden zu können. Diese sollte, in Anlehnung an die Forschung auf dem Gebiet der Personalwirtschaftslehre, möglichst überschneidungsfrei und zugleich inhaltlich nachvollziehbar sein. Es existiert aber keine idealtypische Gliederung, vielmehr ist es legitim – und das wird sowohl in der Controllingforschung, wie in Kapitel 5 deutlich wird, als auch in der Praxis praktiziert – Gliederungen vorzunehmen, solange die Abgrenzungskriterien klar sind und sinnvoll erscheinen.

Im Folgenden wird eine dreigliedrige Strukturierung des Anforderungsprofils gewählt, ähnlich wie bei Weber (2008). Abbildung 3 zeigt diese Strukturierung in der Übersicht:

Als erste Kategorie lassen sich die fachlich-methodischen Fähigkeiten der Controller anführen. Controller sind »betriebswirtschaftliche Ergebnisspezialisten« (Weber 2008, S. 90). Daher ist es notwendig, dass ihr Fachwissen auf der Höhe der Zeit ist und sie die Instrumente beherrschen, die zur Ermittlung, Planung und Kontrolle der Ergebnisse wichtig sind. Als Abgrenzung zu den anderen beiden Kategorien dient die Erlernbarkeit außerhalb der konkreten Ausübung des Controllerberufs. Fachlich-methodische Fähigkeiten sind nach der hier geltenden Auffassung außerhalb der Unternehmenstätigkeit zumindest in weiten Teilen erlernbar, beispielsweise an einer Hochschule oder im Rahmen von Weiterbildungen. Konkrete Tätigkeiten als Controller müssen nicht

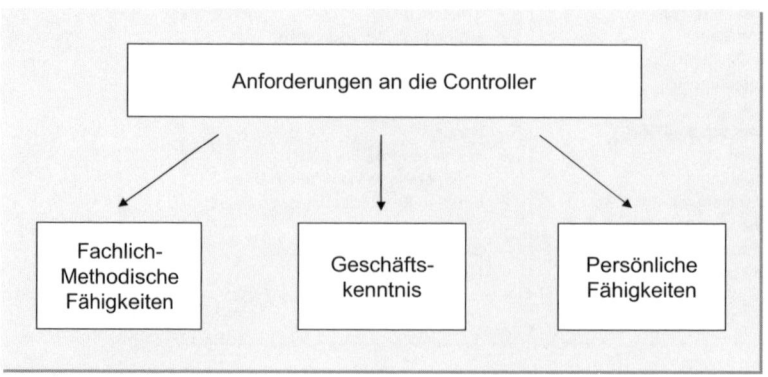

Abbildung 3: Mögliche Gliederung für ein Anforderungsprofil von Controllern

Wie kann man Anforderungen an Controller bestimmen?

ausgeübt werden oder worden sein, um solche Fähigkeiten zu erwerben. Hinzugezählt werden kann zu dieser Kategorie auch das Hochschulstudium selbst, das zwar streng genommen keine Fähigkeit per se darstellt, jedoch als Qualifikation individuell erworben werden kann und das fachliche Profil ergänzt.

Als zweite Kategorie sei die Geschäftskenntnis genannt. Demzufolge reicht eine rein formale Beherrschung der betriebswirtschaftlichen Instrumente, also die fachlich-methodischen Fähigkeiten allein, heutzutage für Controller nicht mehr aus – wie auch später in diesem Band deutlich werden wird. Um die Realität hinter den Zahlen fundiert beurteilen zu können, ist es notwendig, dass die Controller die Hintergründe kennen, die im unternehmensindividuellen Geschäft ihren Ursprung haben. Abgrenzungskriterium hierfür ist die Erlernbarkeit *innerhalb* der Unternehmenspraxis, das heißt Controller können sich Geschäftskenntnis im Allgemeinen nur dadurch aneignen, dass sie Erfahrung im Unternehmen sammeln. Unter diese Kategorie lässt sich auch die »Berufserfahrung« der Controller einordnen, die etwa in Stellenanzeigen häufig zu finden ist.

Bei der dritten Kategorie handelt es sich um die persönlichen Fähigkeiten, mit denen Controller ausgestattet sein sollen. Wollen Controller einer modernen Rolle genügen, beispielsweise als Businesspartner des Managements, reicht es nicht mehr, nur die Zahlen zu zeigen. Die Controller müssen vielmehr auch deren Inhalte, Hintergründe und Konsequenzen adressatengerecht vermitteln können. Dazu gehören interaktionsbezogene Fähigkeiten, wie die Kommunikationsfähigkeit oder auch die Standfestigkeit, die hilft bei »Gegenwind« durch die Manager leichter zu bestehen. Als Abgrenzung zu den anderen beiden Kategorien dient die *bedingte* Erlernbarkeit. Persönliche Fähigkeiten sind – wie der Begriff schon vermuten lässt – in der Persönlichkeit veranlagt. Ein schlechter Kommunikator kann zwar seine Kommunikationsfähigkeiten in Trainings et cetera verbessern, zum »Entertainer« wird er aber nie werden. Hierzu muss er einfach mit gewissen Fähigkeiten geboren sein. Übrigens werden die persönlichen Fähigkeiten hier bewusst nicht – wie gelegentlich an anderer Stelle in der Literatur – als »weiche« Fähigkeiten bezeichnet. Dieser Begriff würde die besondere Bedeutung dieser Anforderungen vergleichsweise schmälern und den Eindruck erwecken, dass diese nur »schwach« oder gar nachrangig wären.

Geschäftskenntnis wird in der Unternehmenspraxis erworben

Die Analyse von Stellenanzeigen

Nun kennen wir eine Möglichkeit, wie sich Controller-Anforderungsprofile gliedern lassen und haben schon erste Eindrücke über Inhalte bekommen. In einem nächsten Schritt wollen wir betrachten, welche Ergebnisse die Empirie bis dato zu bieten hat. Dabei wird zunächst ein Forschungsvorgehen aufgegriffen, das in den 1980er-Jahren und mit Abstrichen auch noch heute in der Controllingforschung beliebt ist, nämlich die Betrachtung von Controller-Stellenanzeigen.

Bei der Analyse der Bestandteile von Stellenanzeigen wurde in erster Linie versucht, Rückschlüsse auf die Aufgaben der Controller zu ziehen. Quasi

Stellenanzeigenanalysen lassen Zeitvergleiche zu

Betrachtungszeitraum	1949-1959	1960-1964	1965-1969	1970-1974	1975-1979	1980-1984	1985-1989	1990-1994
Fachliche Anforderungen								
Hochschulstudium	20,0	8,3	18,8	16,3	14,9	21,9	24,3	22,5
FH-Studium	-	-	6,3	6,5	11,0	9,7	8,3	12,1
Berufsausbildung	-	8,3	-	1,1	1,6	0,9	1,4	4,8
Praktische Erfahrung	20,0	25,0	24,9	25,0	24,4	21,1	22,9	21,7
EDV	-	16,7	10,4	4,3	8,3	10,7	11,7	12,0
Kostenrechnung/Kalkulation	20,0	16,7	8,3	9,8	10,2	8,8	7,5	8,1
Finanzen	-	-	2,1	3,3	3,9	4,8	1,7	1,4
Technisches Verständnis	20,0	8,3	4,2	1,1	2,0	1,7	1,4	0,9
Fremdsprachenkenntnisse	-	16,7	20,8	23,9	15,8	14,5	16,1	12,7
Sonstiges	20,0	-	4,2	8,7	7,9	5,9	4,7	3,8
Persönlichkeitsanforderungen								
Koordinationsfähigkeit	-	-	8,3	-	3,0	0,9	1,2	0,7
Kommunikationsfähigkeit	-	14,3	-	19,2	6,0	4,9	11,5	14,2
Durchsetzungsfähigkeit	50,0	-	8,3	23,1	22,0	18,9	16,2	15,2
Analytische Fähigkeit	50,0	14,3	33,4	11,6	9,0	17,9	21,6	19,3
Führungsfähigkeit	-	14,3	8,3	34,6	25,0	24,4	18,1	14,4
Selbstständigkeit	-	14,3	25,1	-	14,0	9,4	8,2	14,4
Kooperationsbereitschaft/ Teamgeist	-	14,3	8,3	3,8	10,0	17,9	15,4	17,3
Innovationskraft	-	14,3	-	7,7	6,0	5,7	3,6	2,1
Integrität	-	14,3	8,3	-	5,0	-	4,2	2,3

Abbildung 4: Zeitbezogene Veränderungen von Controller-Anforderungen in Stellenanzeigen
(Angaben in %)
Quelle: Weber/Schäffer 1998, S. 231

nebenbei untersuchten die Autoren die Anforderungen mit. Dabei interessieren vor allem Häufigkeiten. Je häufiger bestimmte Aufgaben und Anforderungen genannt werden, so der Tenor in den entsprechenden und vergleichsweise zahlreichen Studien, desto bedeutsamer sind sie. Diese an sich einleuchtende Vorgehensweise wird jedoch durch eine Reihe von Störgrößen potenziell getrübt:

Es ist zunächst nicht sicher, dass die in Tageszeitungen ausgeschriebenen Controllerstellen die Gesamtzahl der Controllerstellen im Unternehmen repräsentativ widerspiegeln. Denn nicht alle Stellen werden extern ausgeschrieben, tendenziell werden nur wichtigere (und damit auch höher dotierte) Controllerstellen im Anzeigenteil von Zeitungen platziert. Weiterhin ist die Kapazität von Stellenanzeigen begrenzt, da diese teuer sind. Entsprechend passt in den

Wie kann man Anforderungen an Controller bestimmen?

Anzeigentext nur ein Ausschnitt des Gesamtbilds einer Stelle. Als nächstes sind Häufigkeit und Umfang von Stellenanzeigen erwiesenermaßen konjunkturabhängig, was deren Häufung in Zeiten positiver Konjunkturentwicklung bewirkt. Schließlich sind Stellenanzeigen geprägt von bestimmten Formulierungsfloskeln. Zwar existiert keine allgemein anerkannte Norm über Anzeigeninhalte, bestimmte (erwünschte) Inhalte und Eigenschaften treten jedoch gehäuft auf. Abbildung 4 zeigt die Ergebnisse der bislang umfangreichsten Analyse von Stellenanzeigen für die deutschsprachige Controllingforschung.

Dafür wurden von Weber/Kosmider (1991) 73 901 Stellenanzeigen in der Wochenendausgabe der Frankfurter Allgemeinen Zeitung von 1949 bis 1989 ausgewertet und Controllerstellen sowie controllingähnliche Stellen mit einbezogen. Die Studie wurde später von Weber/Schäffer (1998) auf 83 699 untersuchte Anzeigen erweitert. Die Abbildung zeigt die anteilsmäßige Häufigkeit der Nennungen der einzelnen Anforderungen. Eine Betrachtung im Zeitverlauf bietet interessante Inhalte:

- Die Anforderungen an Controller haben im Zeitablauf zugenommen, es sind neue hinzugekommen, wie etwa die Kommunikationsfähigkeit oder die Innovationskraft.
- Die Ausbildung der Controller ist immer wichtiger geworden. Ein Studium war – addiert man die Werte von FH-Studium zu »Hochschulstudium« hinzu – schon in den 1990er-Jahren äußerst bedeutsam.
- Die persönlichen Fähigkeiten sind differenzierter und damit wohl auch wichtiger geworden. Insbesondere sticht die Kommunikationsfähigkeit hervor, die nahezu immer hinzugewonnen hat.

Anhand dieser Ergebnisse sehen wir schon erste Tendenzen: Der Controller scheint sich langsam aber sicher von seiner Rolle des Zahlenknechtes wegzuentwickeln, da beispielsweise persönliche Fähigkeiten im Bereich Kommunikation bedeutsamer werden. Darüber hinaus gewinnt die Position des Controllers immer mehr an Wert, worauf die stetig steigende Tendenz zum Hochschulstudium hindeutet.

Fragebogengestützte Erhebungen

Um die bereits genannten Verzerrungen, die der Analyse von Stellenanzeigen innewohnen, zu überwinden, bieten sich großzahlige fragebogengestützte Erhebungen an. Insbesondere haben solche Erhebungen den Charme, unabhängig von gegebenem Datenmaterial wie etwa der Stellenanzeige agieren zu können. Auch diese Idee ist nicht neu in der Controllingforschung, jedoch nicht so zahlreich zu finden wie die Stellenanzeigenanalysen.

Eine der aktuellsten großzahligen Erhebungen zu Controller-Anforderungen stellt die Studie von Weber et al. (2006) dar, zu der Abbildung 5 eine Übersicht bietet. Weitere Inhalte dieser Studie sind auch in einem früheren Band dieser Reihe veröffentlicht worden (vergleiche Weber et al. 2007).

618 Antworten konnten bei der Erhebung ausgewertet werden. Als am bedeutsamsten wurde die Fähigkeit, kritisch zu hinterfragen und Schwachstel-

Im Zeitablauf wurde immer mehr von den Controllern verlangt

Persönliche Fähigkeiten sind sehr wichtig!

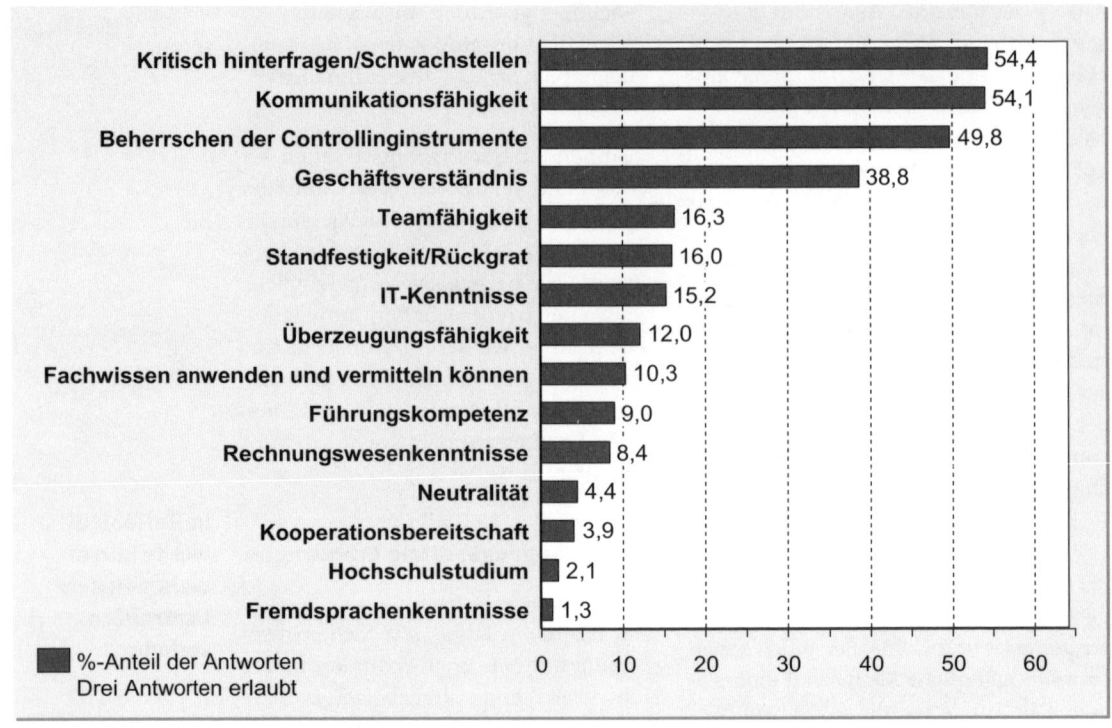

Abbildung 5: Bedeutende Controllerfähigkeiten in einer großzahligen Erhebung
Quelle: Weber et al. 2006, S. 56

len zu erkennen (54,4 % der Befragten) angesehen, nahezu gleichauf mit Kommunikationsfähigkeit (54,1 %). An dritter Stelle liegt das Beherrschen der Controllinginstrumente (49,8 %), gefolgt von Geschäftsverständnis (38,8 %). Mit größerem Abstand folgen Teamfähigkeit (16,3 %), Standfestigkeit/Rückgrat (16,0 %), IT-Kenntnisse (15,2 %), Überzeugungsfähigkeit (12,0 %) und die Fähigkeit, Fachwissen anwenden und vermitteln zu können (10,3 %). Führungskompetenz (9,0 %) und Rechnungswesenkenntnisse (8,4 %) folgen, während Neutralität, Kooperationsbereitschaft, ein Hochschulstudium sowie Fremdsprachenkenntnisse die Schlussränge bilden. Hier wird erneut die Bedeutung der persönlichen Fähigkeiten für Controller offenbar, da sich die ersten drei Ränge ausschließlich auf solche beziehen. Erstaunlich ist, dass die Fremdsprachenkenntnisse ganz am Ende auftreten, obwohl zu vermuten wäre, dass gerade solche Kenntnisse in einer zunehmend globalisierten Welt unbedingt notwendig wären. Hier zeigt sich bereits ein Problem einer großzahligen Erhebung: Es kann beim Antwortenden nicht nachgefragt werden, wenn sich ein spannender Aspekt ergibt. Interessieren Gründe oder zusätzliche Informationen

Wie kann man Anforderungen an Controller bestimmen?

zu den Anforderungen, schweigen die großzahligen Erhebungen ebenso wie die Stellenanzeigenanalysen. Zwar liefern Erklärungsversuche plausible Begründungen für bestimmte Entwicklungen, aber gewisse Detailinformationen gehen doch verloren. Genau hier setzen zwei aktuelle qualitative Studien an, die Thema des folgenden Kapitels und Kern dieses Advanced Controlling-Bandes sind. Darin wird versucht, neue Aspekte zu Controller-Anforderungsprofilen aufzudecken und die Unzulänglichkeiten der eben beschriebenen Studien zu überwinden.

Zusammenfassung

Wir haben nun einen Einblick in die Forschung zu Controller-Anforderungsprofilen erhalten. Vor allem drei Aspekte sind deutlich geworden:

- Vom Controller wird ein ganzes Bündel an Fähigkeiten fachlicher und persönlicher Natur gefordert. Dass dies eine Herausforderung für Controller ist, steht außer Frage. Es unterstreicht aber auch einmal mehr die Bedeutung, die die Position des Controllers im Laufe der Zeit für das Unternehmen gewonnen hat.

- Indem wir verschiedene Ergebnisse aus der normativen und empirischen Literatur gezeigt haben, konnten wir die langsame Veränderung vom Controller als Zahlenknecht hin zu der herausfordernden Rolle eines Businesspartners nachvollziehen. Damit einher gehen Veränderungen in Richtung der persönlichen Fähigkeiten, die verstärkt nachgefragt werden und in Richtung der Geschäftskenntnis. Letztere wurde dem Controller noch vor Jahrzehnten kaum abverlangt, da für einen Zahlenknecht fachlich-methodische Fähigkeiten genügen.

- Stellenanzeigenanalysen und großzahlige Erhebungen haben Grenzen, da Ergebnisse ab einem gewissen Zeitpunkt »hingenommen« werden müssen und bei Detailinteresse nicht mehr genauer nachgefragt werden kann. Daher sind besonders interessante und vor allem tiefergehende Ergebnisse bei qualitativen Untersuchungen zu erwarten. Denn wie könnte man mehr über den Controller lernen, als in einem persönlichen Gespräch mit ihm selbst oder »seinem« Manager?

Qualitative Forschung bietet neue Einblicke was Anforderungsprofile betrifft

3 Welche aktuellen Ergebnisse bietet die Praxis?

Zwei aktuelle qualitative Studien als Basis

Der Inhalt dieses Kapitels wird aus Ergebnissen zweier ausführlicher qualitativer Studien gespeist, die am Institut für Management und Controlling (IMC) an der WHU – Otto Beisheim School of Management durchgeführt wurden. Im Rahmen der ersten Untersuchung wurden 26 Konzerncontrolling-Leiter beziehungsweise deren Stellvertreter der DAX-30-Unternehmen in tiefgehenden Interviews, unter anderem zu Anforderungen an den Controllerberuf, befragt.

Der gesamte Inhalt dieser Studie wurde in einem separat erhältlichen Buch veröffentlicht (Weber 2008) und bietet zudem detailliertere weiterführende Informationen zur Controllingpraxis in den DAX-30-Unternehmen.

In der zweiten Studie wurden 26 Controller, Manager und Personaler aus drei mittleren bis großen Unternehmen in Interviews befragt, sodass sich unterschiedliche Blickwinkel auf Controller-Anforderungsprofile bieten. Im Folgenden werden die Unternehmen dieser zweiten Studie mit »mittlere bis große Unternehmen« in Abgrenzung zu den

52 Interviews geführt

	Unternehmen A	Unternehmen B	Unternehmen C
Branche	Kunststoff	Maschinenbau	Anlagenbau
Umsatz (Stand: Ende 2008)	900 Mio €	300 Mio €	130 Mio €
Mitarbeiter	5.000	2.000	500
Gesprächspartner	3 Controller 3 Manager 2 Personaler	5 Controller 4 Manager 2 Personaler	3 Controller 3 Manager 1 Personaler

Abbildung 6: Größenordnung und Gesprächspartner in den Unternehmen der zweiten qualitativen Studie

DAX-Unternehmen der ersten Studie bezeichnet.

Abbildung 6 bietet einen Überblick über die Unternehmensdaten letzterer Studie. Bei der Auswahl der Unternehmen wurde darauf geachtet, dass einerseits hohe Überschneidungsbereiche existieren (Industrieunternehmen, vorhandener Controllerbereich ohne allzu weitreichende Spezialisierung der Controller, verschiedene organisatorische Ebenen), um unternehmensübergreifend gültige Ergebnisse zu gewinnen. Andererseits sind genügend Unterschiede (Einzelfertigung versus Serienfertigung, Branche, Größe, Entwicklungsgeschichte) vorhanden, sodass die Unternehmen auch einzeln betrachtet werden können.

Bei den Ansprechpartnern wurde Wert darauf gelegt, ein möglichst breites Bild quer durch die Organisationsstruktur zu gewinnen. Vom Vorstandsvorsitzenden als Topmanager über den Chef eines Geschäftsbereichs bis hin zum Werkleiter, vom CFO über den Leiter Konzerncontrolling bis zum Standort- und Werkscontroller waren Manager wie Controller verschiedener Ebenen mit in die Befragung zu Anforderungsprofilen einbezogen. Ergänzt wurden die Befragungen durch Gespräche mit Personalchefs und Personalreferenten auf dezentraler und zentraler Ebene.

Die nun folgenden Inhalte sind nach dem in Abschnitt 2 eingeführten Schema gegliedert und werden in fachlich-methodische Fähigkeiten, Geschäftskenntnis und persönliche Fähigkeiten eingeteilt. Der Vorteil dieses Schemas: Insgesamt ergibt sich ein rundes und vollumfängliches Bild, wobei die einzelnen Kategorien weitgehend überschneidungsfrei sind.

Insbesondere in der zweiten Studie wurde darauf geachtet, möglichst offen an die vielen möglichen Anforderungen heranzugehen. Die Gesprächspartner hatten die Chance, genau diejenigen Fähigkeiten selbstständig anzusprechen, die ihnen relevant erschienen. So konnten die aus ihrer Sicht wichtigsten herausgefiltert werden. Dabei interessierte insbesondere, warum sie die jeweiligen Fähigkeiten ansprachen und welche Vorstellungen sie davon hatten.

Abbildung 7 bietet vorab eine Übersicht über die im Folgenden diskutierten Fähigkeiten und ihre Zuordnung zu den drei Kategorien. In den folgenden Abschnitten kommen jeweils zunächst die Controller zu Wort, deren Meinung durch die Sicht der Manager ergänzt wird, wo es aufschlussreich erscheint.

Zuvor jedoch noch eine interessante Feststellung, deren Hintergrund bei genauerem Überlegen nachvollziehbar erscheint: Die Controller hatten von den fachlich-methodischen Fähigkeiten häufig sehr konkrete Vorstellungen, die Manager waren in ihren Ansichten dazu eher vage und hielten sich zunächst oft sehr allgemein.

»Von der Ausbildung her soll der Controller erst mal alles können, was Controlling betrifft, ist ja klar. Das ist die Grundvoraussetzung.«
Manager Geschäftsbereich

Die Manager hatten dann aber sehr wohl detaillierte Vorstellungen, als es um die persönlichen Fähigkeiten ging. Dies ist erklärbar, wenn man sich vor Augen hält, dass der Manager persön-

Manager haben vor allem von den persönlichen Fähigkeiten deutliche Vorstellungen

Fachlich-Methodische Fähigkeiten	Geschäftskenntnis	Persönliche Fähigkeiten
- Zahlenverständnis - Rechnungslegung - Kostenrechnung - Investitionsrechnung - IT - Fremdsprachen - Hochschulstudium	u.a. - Produktverständnis - Produktionsverständnis - Technisches Wissen - Geschäftsprozesskenntnis	- Kommunikationsfähigkeit - Teamfähigkeit - Analytisches Denkvermögen/Erkennen von Schwachstellen - Standfestigkeit/Rückgrat - Neutralität - Leadership - Flexibilität - Selbstständigkeit

Abbildung 7: Im Folgenden besprochene einzelne Bestandteile der drei Anforderungsprofil-Kategorien.

liche Fähigkeiten des Controllers primär wahrnimmt, indem er mit dem Controller interagiert. Erst die vermittelten Inhalte geben einen Eindruck von den fachlichen Fähigkeiten des Controllers. Im Laufe der Gespräche zeigte sich, dass für manche Manager das fachliche Wissen der Controller eine »Black Box« darstellt. Sie bekommen nur den Output geliefert. Dieser sollte aber gut kommuniziert und nachdrücklich vertreten werden.

Fachlich-Methodische Fähigkeiten

Zahlenverständnis

Viele Controller nennen Anforderungen grundlegender Art, mit denen alle Controller gleichermaßen ausgestattet sein sollen. Zahlenverständnis und eine gewisse Übung im Umgang mit Zahlen werden als Grundvoraussetzung für den Controllerberuf angesehen, da die Arbeit mit Zahlen zum »täglichen Brot« der Controller gehört. Wer dies also nicht gelernt hat, tut sich schwer als Controller. Dabei ist aufschlussreich, dass dieses Zahlenverständnis weniger häufig von den Controllern als von den Managern aufgegriffen wurde, da diese Fähigkeit den Controllern selbst ohnehin selbstverständlich schien.

»Allen ist gleich, dass sie viel mit Zahlen arbeiten und ein gewisses Zahlenverständnis haben müssen.«
Leiter Controlling

Rechnungslegung

Grundlegende Kenntnisse in internem und externem Rechnungswesen werden von den Controllern als wichtig erachtet. Dabei wird jedoch selten explizit die Unterscheidung intern/extern gebraucht. Vielmehr dient »Rechnungswesen« als Sammelbegriff, in den neben Buchführung und Bilanzierung auch Inhalte der Kostenrechnung einfließen. Detailliert müssen die Kenntnisse in der externen Rechnungslegung nicht sein, vielmehr strukturell. Dies ist notwendig, da ein Großteil der Zahlen, die die Grundlage der Controllertätigkeit bil-

Zahlenverständnis ist Grundvoraussetzung für den Controllerberuf

den, aus der Rechnungslegung kommen. Kenntnisse in internationaler Rechnungslegung werden immer bedeutsamer, je nachdem wie international ausgerichtet das Unternehmen ist. In den DAX-30-Konzernen, die in ganz besonderem Maße Global Player sind, sind Rechnungslegungskenntnisse daher noch ein Stück weit bedeutsamer als in den untersuchten mittleren bis großen Unternehmen der zweiten Studie.

»Grundkenntnisse im Rechnungswesen sollten schon vorhanden sein. Durch das Controlling werden einige Buchungen initiiert und dann muss man schon genau verstehen, welche Wirkungen die haben und wie die zu fundieren sind.«
Zentralcontroller

»Das HGB ist schon Pflicht, solange man in Deutschland arbeitet oder mit deutschen Anteilseignern zu tun hat.«
Zentralcontroller

»Ohne eine solide Kenntnis des Accounting ist man heute ziemlich tot.«
DAX-30-Konzerncontroller

»Also ich denke, dass bei uns der Kern der benötigten fachlichen Fähigkeiten Rechnungslegungskenntnisse sind. Das ist im Moment das zentrale Thema. Mit Rechnungslegungskenntnissen meine ich aber nicht, dass jemand einen Standard von 1 bis 100 herunterbeten und Ihnen in der Theorie Auskunft geben kann. Die wirkliche Kernkompetenz liegt darin, die Standards zielgerichtet anzuwenden.«
DAX-30-Konzerncontroller

Kostenrechnung

Kenntnisse in der Kostenrechnung werden für die Controller vielfach als gegeben vorausgesetzt. In vielen Unternehmen hat sich das Controlling historisch aus der Kostenrechnung entwickelt, so auch in den drei mittleren bis großen Unternehmen der zweiten Studie. Wenn fachliche Fähigkeiten von den Gesprächspartnern selbstständig und ohne Hilfestellung durch den Befragenden aufgezählt werden, findet Kostenrechnungskenntnis aber als Anforderung zunächst keine Erwähnung. Aus Nachfragen ergibt sich jedoch dann, dass Kenntnisse in der Kostenrechnung essenziell, quasi Hygienefaktoren der Controller-Kenntnisse sind. Als Grund wurde besonders bei den Unternehmen der zweiten Studie angeführt, dass Controller ohne Kostenrechnungskenntnisse auf keine Effizienzverbesserungen hinweisen können. Zudem obliegt bei den drei untersuchten mittleren bis großen Unternehmen den Controllern auf dezentraler Ebene die Aufgabe, die Kosten- und Leistungsrechnung durchzuführen.

»Man muss die Grundtechniken der Kostenrechnung kennen, Grenzplankosten, was auch immer Sie letztendlich darin anwenden. Im Zentralcontrolling sind Sie ja sowieso wenig auf der Ebene der Grenzplankosten oder Standardkosten, aber Sie müssen zumindest verstehen, wenn Ihnen einer was an den Kopf wirft, über was der redet.«
Zentralcontroller

»Ich würde sagen, Kostenrechnungs-Know-how ist extrem wichtig, weil wir uns hier auch von den »reinen« Accounting-Kollegen unterscheiden, die doch sehr stark nur ihre Richtlinien befolgen und sich an den Richtlinien ausrichten, weniger an den geschäftlichen Erforder-

Kostenrechnungskenntnisse sind meist wichtiger als Rechnungslegungswissen

nissen. Ich glaube, ein großer Vorteil eines guten Controllers ist, dass er die geschäftlichen Belange im Bezug auf Steuerung und Steuerungsnotwendigkeiten mit den Möglichkeiten, die ein Rechnungswesen bietet, zusammenbringt.«
DAX-30-Konzerncontroller

Investitionsrechnung

Betrachtet man Kenntnisse im Bereich der Investitionsrechnung, herrschen große Unterschiede zwischen DAX-Unternehmen und den betrachteten mittleren bis großen Unternehmen der zweiten Studie.

In Letzteren wurden Kenntnisse in der Investitionsrechnung überwiegend als weniger wichtig im Vergleich zu Kostenrechnungs- oder Rechnungslegungskenntnissen erachtet. Um Gründe dafür zu finden, hilft eine differenzierte Betrachtung weiter. In den Unternehmen B und C sind die Beträge, die investiert werden, kleiner. Zumeist wird in neue Anlagen investiert. Zugleich hat das Management hierbei das Heft des Handelns stärker in der Hand und die Controller werden weniger eingebunden, möglicherweise auch weil das Management mit weniger Controllerbeteiligung auskommen »möchte«. So ist es nicht verwunderlich, dass hier für die Controller weniger Investitionsrechenkenntnisse als notwendig angesehen werden. In dem – größeren – Unternehmen A hingegen sind Mergers and Acquisitions-Projekte des Öfteren auf der Tagesordnung, dabei stehen größere Beträge auf dem Spiel. Hier werden die Controller stärker eingebunden und damit werden diese Kenntnisse vermehrt nachgefragt. Dennoch erschienen die Kostenrechnungs- oder Rechnungslegungskenntnisse deutlich bedeutsamer.

In den DAX-30-Konzernen sind Investitionsrechnungskenntnisse wichtiger, da hier die Controller noch mehr in Prozessen der Investitionsrechnung eingebunden sind, höhere Beträge auf dem Spiel stehen und davon auszugehen ist, dass M&A-Projekte noch häufiger vorkommen.

»Investitionsrechnung wird auch gemacht. Zumindest einmal im Jahr sehr intensiv in der Planungsphase. Hinterher – je nachdem wie jetzt die Prognosen für bestimmte Investitionsvorhaben sind – wird auch nachverfolgt, ob sie jetzt noch notwendig sind oder nicht. Also das findet auch statt.«
Zentralcontroller

»Ein wesentlicher Teil unserer Tätigkeit besteht ja nun auch in der Beurteilung von Investitions- und Akquisitionsprojekten. Da muss man die Investitionsrechnung natürlich verinnerlicht haben.«
DAX-30-Konzerncontroller

Einer der befragten Manager in einem mittleren Unternehmen relativiert die Bedeutung der Investitionsrechnungskenntnisse für Controller überraschenderweise grundsätzlich. Es genüge, von Managementseite her gewisse Schemata vorzugeben, die müssten die Controller nur noch ausführen, wie das folgende Zitat zeigt. Dies könnte jedoch problematisch sein, da Controller so eher zum Zuschauen verdammt sind – die Rolle des Controllers als kritischer Counterpart würde etwas anderes verlangen. Eine solche rein operative Rolle der Controller ist in größeren Unternehmen jedoch kaum anzutreffen.

Investitionsrechnungswissen ist in anspruchsvolleren Controllerpositionen wichtig

»Das ist noch relativ gut zentral zu handeln, da geben Sie [als Manager] ein einheitliches Rechenverfahren vor, ein Prozedere, und wer einigermaßen rechnen kann, der kann das dann auch durchführen. Das kann man nebenbei lernen, das ist wahrscheinlich weniger problematisch.«
CEO

IT

Für Controller genügen Anwenderkenntnisse im Bereich der IT

Von den Controllern werden Kenntnisse in der Informationstechnologie gefordert. Die häufig erwähnten Zahlen des Unternehmens liegen im Gegensatz zu früher nicht mehr in Papierform vor, sondern werden in komplexen IT-Systemen gesammelt und aufbereitet. Die Kenntnisse der Controller können sich jedoch auf Anwenderkenntnisse beschränken, so der Tenor in den Studien. Dass ein Controller – über die Entwicklung komplexerer Excel-Sheets hinausgehend – Programmiersprachen beherrschen oder Anwendungen programmieren können sollte, wird nicht verlangt. Welche Tools nun genau beherrscht werden müssen, hängt von den Systemen ab, die im Unternehmen eingesetzt werden. Das MS Office-Paket liegt bei den meisten Unternehmen standardmäßig vor. Für Anwendungen, in denen der Controller Zahlen aufbereiten muss, fiel nahezu immer der Begriff MS Excel. Wenn SAP-Systeme im Unternehmen etabliert sind, gewinnen diese ebenfalls an Bedeutung. Manche Controller sehen SAP-Kenntnisse – ob nun SAP eingesetzt wird oder nicht – als notwendiges Wissen an. Dies ist insbesondere in den DAX-Konzernen der Fall, wo in einem Großteil der Unternehmen SAP standardmäßig eingeführt ist.

In Bezug auf die IT-Kenntnisse der Controller überwiegen beim Management ebenfalls allgemeine Vorstellungen. Der Controller muss die im Unternehmen eingesetzten Systeme beherrschen und seine Aufgaben damit erledigen können. Somit gilt: Wer Controller werden will, kommt an Office-Programmen und insbesondere Excel nicht vorbei, SAP-Kenntnis könnte besonders bei größeren Unternehmen helfen. Aber alles Speziellere wird mit der regelmäßigen Anwendung im Unternehmen erlernt.

»Das hängt jetzt von der Struktur des Unternehmens ab, wenn Sie global überall SAP haben, gleiches Release und so weiter, müssen Sie SAP können. Weil das einfacher ist, als das Ganze von irgendjemandem oder selber in Excel runterzuladen und da wieder zu knechten.«
Zentralcontroller

»Wir brauchen insbesondere Excel. Ich kann kein Access, ich kann keine Programmiersprache. Wenn ich etwas brauche, mache ich es mit Excel, manchmal vielleicht umständlich, aber ich komme irgendwie dann auf das, was ich brauche.«
Zentralcontroller

»Man muss als intelligenter Nutzer mit SAP umgehen können. Ansonsten ist SAP so spezifisch, dass wir das dann immer in der Gemeinschaftsarbeit mit der Abteilung IT-Services machen, wenn es um Rechnungsweseninformationen geht. Das Controlling ist immer nur am Ergebnis interessiert.«
DAX-30-Konzerncontroller

Fremdsprachen

Was Fremdsprachenkenntnisse betrifft, so ist die Beherrschung von Englisch heutzutage für Controller nahezu zwingend notwendig, da die Internationalisierung selbst bei kleineren Unternehmen voranschreitet. So kann es sein, dass deutsche Controller englischsprachige Dokumente auf den Tisch bekommen und bewerten sollen, mit internationalen Niederlassungen kommunizieren oder selbst als Ex-Patriates ins Ausland gehen. Zumindest die Nachwuchscontroller, die neu ins Unternehmen kommen, sollten die englische Sprache beherrschen. In den drei betrachteten Unternehmen fand sich jedoch noch eine Reihe älterer Controller, deren Englischkenntnisse nach eigenen Angaben noch sehr ausbaufähig sind.

Fehlende Fremdsprachenkenntnisse, so wurde weiterhin festgestellt, können ein Karrierehindernis sein, wenn es etwa um verantwortungsvolle Tätigkeiten in der Zentrale geht, denn spätestens dort müssen die Controller mit Tochterunternehmen im Ausland kommunizieren. In Tätigkeitsbereichen von Controllern, in denen kaum bis gar kein Auslandsbezug vorhanden ist, wie möglicherweise in einem Werk, kann die Tätigkeit auch (noch) ohne Fremdsprachenkenntnisse funktionieren.

»Es gibt nur noch, glaub ich, ganz wenige Firmen, in denen man ohne Englisch auskommt. Wissen tut man es nicht. Aber ich denke, das ist unbestritten, dass Englisch oft verlangt ist und dann eben auch zur Anwendung kommt.«
Zentralcontroller

»Englisch ist schon wichtig. Dadurch dass wir viel Export haben, dass wir auch in der Türkei ein Werk haben, später auch in China, und wir derzeit dabei sind, uns in Indien einzukaufen.«
CFO

»Die Frau X kann nur Deutsch. Die können wir schon nicht mehr zum Controller einer Geschäftseinheit machen.«
CFO

Ebenso wie die Controller sind auch die Manager der Ansicht, dass Englischkenntnisse unbedingt vorhanden sein müssen. Jede weitere Fremdsprache – zumal wenn sie im Unternehmen aufgrund ausländischer Tochtergesellschaften benötigt wird – ist willkommen, erleichtert für den Controller die Tätigkeiten und stößt neue Karrieretüren auf.

»Ohne Englisch geht es höchstens noch, wenn er ein Werkscontroller in einem deutschen Werk ist – aber ich denke, wenn die hier Controller-Meetings machen, dann haben wir 20 Werke, die sind weltweit, die machen Geschäftseinheits-Meetings oder Board-Meetings auch in Englisch.«
Manager Geschäftsbereich

»Also Englisch ist das Muss, darüber hinaus eine zweite Fremdsprache, Französisch, Spanisch, sind bei uns wünschenswert und alles, was dazukommt, ist nice to have und herzlich willkommen.«
CEO

Insbesondere von den Managern, jedoch kaum von den Controllern, wurde ein Fähigkeitenbündel angesprochen und diskutiert, das sich am ehesten – über Fremdsprachenkenntnisse hinaus-

Fehlende Fremdsprachenkenntnis als Karrierehindernis

Fachlich-Methodische Fähigkeiten

gehend – als »internationale Handlungskompetenz« umschreiben lässt. Dabei handelt es sich um die Fähigkeit, sich sicher in einem fremden kulturellen Umfeld zu bewegen und mit Vertretern fremder Soziokulturen adäquat umzugehen. Besonders wenn ein Konzern international aufgestellt ist und viele Vertriebs- oder gar Produktionsniederlassungen im Ausland unterhält, werden Controller, zum Beispiel in der Zentrale als Beteiligungscontroller, mit interkulturellen Situationen konfrontiert werden. Daher erachten es viele Manager als sinnvoll, wenn Controller mit internationaler Handlungskompetenz ausgestattet sind:

> »Fähigkeiten, international zu denken, grenzüberschreitend zu denken, fremden Kulturen gegenüber auch offen zu sein, sind allemal ein Vorteil in einer Gruppe, die international tätig ist.«
> CEO

Hochschulstudium

Streng genommen handelt es sich, wie bereits erwähnt, bei einem Hochschulstudium um keine Fähigkeit im eigentlichen Sinne, sondern mehr um eine Möglichkeit, Fähigkeiten zu erwerben. Da jedoch ein Studium durchaus häufig in Stellenanzeigen erwähnt wird und auch die Gesprächspartner auf ein Studium zu sprechen kamen, indem sie über ihren eigenen Werdegang erzählten, wird das Hochschulstudium als Komponente der fachlich-methodischen Fähigkeiten hinzugefügt.

Rund die Hälfte der befragten Controller in den drei mittleren bis großen Unternehmen hat kein abgeschlossenes Hochschulstudium aufzuweisen. Wohl aber waren einige darunter, die nach einer kaufmännischen Ausbildung berufsbegleitende Weiterqualifizierungen absolviert hatten. Häufig war es auch so, dass sie nach ihrer Ausbildung nicht primär mit Controlling betraut waren, sondern vielmehr in diese Aufgaben hineingewachsen sind. Ein anderes Bild bietet sich bei den DAX-30-Konzerncontrollern, bei denen alle Befragten Akademiker sind und knapp die Hälfte zudem eine Promotion erfolgreich abgeschlossen hat. Daraus kann gefolgert werden, dass ein Hochschulstudium heutzutage notwendig ist, um in größeren Unternehmen als Controller Fuß zu fassen, in kleineren Unternehmen kann es (noch) ohne funktionieren. Die Tendenz zeigt jedoch auch hier klar in Richtung Studium, wenn die Controller nicht schon früh am Ende der Karriereleiter feststecken wollen.

Die Controller waren durchweg der Meinung, dass ein Hochschulstudium grundsätzlich sehr nützlich für die Controllertätigkeit ist – egal, ob der befragte Controller nun selbst studiert hatte oder nicht. Bei manchen ohne Hochschulstudium war ein gewisser Stolz darauf erkennbar, dass sie es auch ohne akademischen Grad zu ihrer Position gebracht hatten. Jedoch war kein Zentralcontroller ohne Hochschulstudium unter den Befragten. Als Gründe für die Bedeutung eines Hochschulstudiums sehen Controller wie Manager einerseits die vermittelten Inhalte, aber – so war der Eindruck in den Gesprächen – noch viel mehr die persönlichkeitsbildende Funktion einer Hochschule. Wer ein Studium erfolgreich abgeschlossen hat, hat gelernt, selbstständig und zielstrebig zu ar-

---

Persönlichkeitsbildende Funktion eines Studiums

Für Nicht-Akademiker unter den Controllern wird es enger

beiten, aber auch mit Rückschlägen fertig zu werden. Die Erfahrungen, die im Rahmen einer praktischen Tätigkeit im Unternehmen gesammelt werden, können nach Ansicht der Befragten ein Studium sicher nicht ersetzen.

> »Theoretisch brauchen Sie kein Studium, wenn Sie von der Persönlichkeit her das Anforderungsprofil erfüllen. Praktisch brauchen Sie es in der Regel schon, weil heute viele Studenten oder Absolventen ein internationales Erfahrungsumfeld haben. Wenn Sie nicht studiert haben, weiß ich nicht, wo Sie das herkriegen.«
> Zentralcontroller

> »Man sollte schon ein fundiertes theoretisches Wissen mitbringen über das Thema Rechnungswesen, Kostenrechnung. Klar kann man das alles irgendwo extern auch lernen und Kurse machen und sich anlesen, aber im Standardfall würde ich vermuten, lernt man so was an der Hochschule. Also ich habe es da gelernt.«
> Zentralcontroller

In Bezug auf ein Hochschulstudium der Controller sind die Manager, ebenso wie die Controller selbst, gespaltener Meinung. Einerseits sehen auch sie die Chancen, die ein Studium für die Persönlichkeitsbildung und für den Kenntniserwerb bietet. Andererseits wollen sie den Controllern nicht absprechen, auch über Weiterbildung und Ähnliches ihre Karriere voranzutreiben. Jedoch ist zu beobachten, dass die Manager mehr als die Controller ein Hochschulstudium für Controller als notwendig erachten.

> »Grundsätzlich müsste er nicht unbedingt studiert haben, aber viele haben nur dann die analytischen Fähigkeiten, wenn sie Akademiker sind. Aber es gibt Ausnahmefälle, die es auch so können. Ich würde das jetzt nicht als grundsätzliche Notwendigkeit ansehen. Kann durchaus sein, dass einer viel pragmatischer ist, wenn er kein Hochschulstudium hat, weil er Detailerfahrung hat, praktische Erfahrung. Das käme auf den Einzelfall an.«
> CEO

Geschäftskenntnis

Geschäftskenntnis bedeutet, die Realitäten hinter den Zahlen zu erkennen und Bescheid zu wissen, wie das eigene Unternehmen Geld verdient sowie die entscheidenden Stellhebel zu kennen. Die befragten Controller sprachen sehr selten direkt von Geschäftskenntnis, aber die Umschreibungen, die sie in den Gesprächen lieferten, ließen darauf schließen, dass sie dieses Wissen als besonders bedeutsam ansehen. Vielfach verwendeten sie Begriffe wie »Kenntnis der Abläufe im Unternehmen«, »Prozessdenken«, »Produktkenntnis« oder »technisches Verständnis«. Wurden sie direkt auf den Begriff der Geschäftskenntnis angesprochen, erachteten sie dieses Wissen als unverzichtbar. Je nachdem, wie nah der Controller, etwa in Industriebetrieben, an der Fertigung agiert, äußert sich die Geschäftskenntnis als »Produktkenntnis« oder »Produktionswissen«. Controller der Zentrale müssen eher eine globale Sicht auf die Geschäftsprozesse und die unternehmerische Wertschöpfung haben. Je weiter entfernt ein Controller also von der Produktion agiert, desto mehr muss er ein überblicksartiges Wissen der Geschäftsprozesse haben, je näher er der Produktion ist, um so

Controller müssen die Realität hinter den Zahlen kennen

Auf dezentraler Ebene wird Geschäftskenntnis zu Wissen über Produktion und Produkte

detaillierter und ausschnittsbezogener muss sein Wissen sein.

»*Das Geschäft, die ganzen Prozesse im Unternehmen, muss ich auf jeden Fall kennen. Man muss auf jeden Fall wissen, wie die Abläufe sind.*«
Werkscontroller

Geschäftskenntnisse beginnen für manche Controller schon in der Finanzbuchhaltung, indem Wissen um die buchhalterischen Konsequenzen des unternehmerischen Handelns gefordert werden.

»*Das fängt an allen Ecken und Enden schon an. Allein wenn Sie nur Bilanzen oder G&Vs verarbeiten. Dann sehen Sie bestimmte Zusammenhänge, zum Beispiel Forderungszuwachs. Das kann daran liegen, dass die Zahlungsziele jetzt anders sind, das kann aber auch daran liegen, dass ich mehr verkauft habe. Es kann daran liegen, dass ein Kunde erst mal gar nicht bezahlt hat. Man muss da wirklich tief einsteigen, wie die ganze Kette des Geschäfts ist, und dann auch die Daten verstehen, die dahinter liegen.*«
Zentralcontroller

»*Controlling lebt zu einem erheblichen Maß davon, dass man die Geschäftsleute versteht, nicht im Sinne von ›I love you‹, sondern im Sinne von ›I understand‹ oder ›I comprehend‹. Das erleichtert hinterher auch das Umsetzen von Erkenntnissen. Es ist menschlich, dass sich die Leute gegen Zahlen wehren, die sie nicht mögen, mit dem Hinweis, das stimmt alles nicht, das verstehe ich nicht, das ist völlig falsch gerechnet, ich höre immer nur andere Zahlen und meine Zahlen sind ganz anders und* Ähnliches. *Die Kurve sollte man kriegen können.*«
DAX-30-Konzerncontroller

Auf dezentraler Ebene, dabei insbesondere auf Werksebene, wird die Geschäftskenntnis zur Produkt- und Produktionskenntnis. Produktkenntnis wird auf Werksebene allein deshalb schon verlangt, weil die Kostenträger bei der Kostenrechnung bekannt sein müssen.

»*Wir haben hier ja über 5.000 Produkte und es kommen praktisch, kann man sagen, täglich neue dazu. Wir haben Produkte, wenn die zum Beispiel fünf Zentimeter schmäler sind, dann ist es schon wieder ein neues Produkt.*«
Werkscontroller

Auf zentraler Ebene werden die Controller zunehmend mit Aufgaben im Strategieprozess betraut. Spätestens hier wird Wissen um Geschäftsprozesse essenziell. Dabei reicht es nicht mehr, nur die internen Prozesse zu kennen. Die Controller müssen über den Tellerrand hinausschauen.

»*Eine Strategie muss ein operativer Manager entwickeln. Das können die nur meistens nicht, dafür sind sie einfach nicht ausgerüstet. Aber da muss der Controller halt mit rein, muss alle Geschäftsprozesse mit abbilden und schauen, sind sie homogen, passen sie zu einer Strategie oder auch nicht, usw. Und insbesondere dann über den eigentlichen Geschäftsprozess und die Dinge, die im Unternehmen abgewickelt werden, hinaus denken, auch das Umfeld so verstehen lernen, dass man sagt: Das ist hier 'ne Geschäftseinheit, die fängt an, über ihre Produktlebenszykluskurve hinaus zu leben. Er muss durchaus*

nicht mehr nur die inneren Abläufe verstehen, sondern auch das äußere Umfeld verstehen lernen.«
Leiter Controlling

Ebenso wie die Controller selbst, erachten die Manager das Wissen um die Geschäftsprozesse des Unternehmens als sehr bedeutsam. Dieses Wissen muss nicht von Anfang an bei den Controllern vorhanden sein. Vielmehr eignen sie sich dieses im Laufe der Tätigkeit im Unternehmen an – es muss aber zwingend, auch nach Ansicht der Manager, erworben werden.

Einer der befragten Manager brachte die Geschäftskenntnis mit proaktivem Handeln in Zusammenhang. Demnach hilft dem Controller Geschäftskenntnis nur dann, wenn er diese in einer Rolle als kritischer Counterpart anwenden und proaktiv Begrenzungsaufgaben wahrnehmen kann:

»Wichtig ist, dass der Controller eine Proaktivität mitbringt und die mitbringen darf, bevor sich der Chef eine tolle Idee ausdenkt. Auch, wenn er aktiv angreifen darf und sagt, jetzt lasst uns mal einen Business-Case rechnen und eine Gewinn- und Verlustrechnung oder EVA-Rechnung oder was auch immer für den Fall durchziehen. Und dann fragen: Was wollen wir verkaufen, was sind die Produktkosten dann über den Life Cycle, was bleibt am Ende hängen?«
Manager Geschäftsbereich

Persönliche Fähigkeiten

Kommunikationsfähigkeit

Die Kommunikationsfähigkeit, also die Fähigkeit, sich adressatengerecht mitzuteilen und seine Botschaft an den Mann zu bringen, wurde durchweg als sehr bedeutsam eingestuft. Kommunikationsfähigkeit ist aber nicht nur im Managementkontakt relevant. Controller müssen kommunizieren können, weil sie sich gelegentlich Informationen beschaffen müssen, die sie nicht über die EDV-Tools bekommen würden. Hier müssen sie einen »guten Draht« zu anderen Abteilungen unterhalten. Darüber hinaus ist es ihre Aufgabe, ihre Botschaft zu vermitteln, ob nun an den Vorstand oder Standortleiter, ob positive oder negative Inhalte.

»Das Wichtigste ist, dass man miteinander redet, dass man bestimmte Sachen aufdecken kann. Für mich ist das Wichtigste, nicht nur in dem Bereich jetzt, sondern auch in anderen Bereichen, technisches Büro, Ingenieur und so, die Kommunikationsfähigkeit, weil man mit Reden am meisten ausbessern kann, bevor es überhaupt entsteht, das Ganze. Das ist das Hauptkriterium.«
Dezentraler Controller

»Wenn wir nicht in der Lage sind, unsere Analytik zu verkaufen, zu kommunizieren, in verständlicher Form an den Mann zu bringen, dann werden wir nicht gehört, und wenn wir nicht gehört werden, dann wird irgendwann mal einer auf die Idee kommen zu fragen, worum geht es hier eigentlich? Von daher ist am Ende der Strecke die Kommunikationsfähigkeit das entscheidende Merkmal; das gilt für alle Stufen des Controllerlebens.«
DAX-30-Konzerncontroller

Unerlässlich ist Kommunikationsfähigkeit auch bei Controllerpositionen,

Geschäftskenntnis wird in der Unternehmenspraxis erworben

Zahlen produzieren genügt nicht, der Controller muss sie auch »verkaufen« können

Persönliche Fähigkeiten

die in operativen Bereichen gewisse Entscheidungsbefugnisse haben. Bei dem kleinsten der betrachteten drei Unternehmen der zweiten Studie hatten Controller durchaus kleinere Entscheidungskompetenzen.

»Und dann erkläre ich es dem von der Lackiererei, ohne dass ich die – hört sich komisch an – Befugnis habe, es ihm zu erklären, dass er das jetzt machen soll. Entweder du gehst hin und sagst ihm ›Machen‹, oder du gehst hin und sagst ›Bitte machen‹, oder ›Vielleicht kannst du das machen‹. Du musst wissen, mit wem du dich unterhältst.«
Zentralcontroller

Wollen Manager noch mehr und besser überzeugt werden?

In diesem Zusammenhang fordern die Manager von den Controllern die Fähigkeit zu überzeugen, weil so die Glaubwürdigkeit des Controllers und der von ihm gelieferten Zahlen erhöht wird. Dies – und das ist den Managern bewusst – erhöht den Einfluss der Controller bei ihnen. Ein zögerlicher Controller verliert, auch wenn die Zahlen richtig sind, von vornherein an Glaubwürdigkeit. Interessant ist hierbei, dass die Überzeugungsfähigkeit von den Controllern seltener angesprochen wurde als von den Managern. Möglicherweise wünschen sich Manager, noch mehr und besser von den Controllern überzeugt zu werden.

»Genau so, wie ich von einem guten Konstrukteur erwarte, dass er mir neue Vorschläge bringt – selbst wenn ich sage, das machen wir jetzt so und so – erwarte ich auch vom Controller, dass er sich hinsetzt und ein paar Alternativen erarbeitet und mich als Chef überzeugt. Nach dem Motto: Gute Idee, aber wir konstruieren das anders, das ist billiger und besser. Dass er in seinem Fachgebiet, seiner Tätigkeit mit Ideen kommt, und nicht nur sagt: jawohl Chef, machen wir so, Chef.«
Manager Geschäftsbereich

Einer der befragten Manager hatte die persönlichen Fähigkeiten mit dem Begriff »integrative Fähigkeiten« zusammengefasst. Dieses Fähigkeitenbündel, bei dem als Einzelbestandteil die Kommunikationsfähigkeit hervorsticht, hilft, eine möglicherweise unliebsame Rolle, die Controller im Unternehmen wahrnehmen, positiver wirken zu lassen. Denn wenn es um Schwachstellen oder Verbesserungsvorschläge geht, rennen Controller nicht immer offene Türen ein. Besonders hier ist nicht nur entscheidend, was Controller sagen, sondern auch wie.

»Ich würde es als integrative Fähigkeiten beschreiben. Der Controller hat ja einen Job, der schon ein bisschen exaltiert ist. Nicht jeder ist froh, wenn er sagt: Du, das und das passt aber nicht! Das ist irgendwie trotzdem noch so eine Ankläger-Rolle. Selbst wenn er das sehr gut macht und sehr moderat – es wird auch immer ein bisschen dran haften bleiben. Also muss er seine Persönlichkeit mit einbringen, er muss die Akzeptanz kriegen. Das kriegt er natürlich, wenn er eine hohe integrative Fähigkeit hat. Ich sage mal, das ist eine Frage der Persönlichkeit.«
Manager Geschäftsbereich

Teamfähigkeit

Die Fähigkeit und Bereitschaft im Team zu arbeiten, wird von all denjenigen Controllern verlangt, die nicht nur alleine im Büro vor sich hin arbeiten – und in den befragten Unternehmen, ob nun DAX-Konzerne oder Mittelständler, sind solche Controller nur noch in den seltensten Fällen zu finden. Entsprechend müssen Controller untereinander im Team arbeiten können, aber auch im Zusammenspiel mit anderen Abteilungen. Oftmals sind Controller auf Informationen oder Hilfestellungen angewiesen. Teamplayer bekommen diese Dinge leichter.

»Man muss Teamplayer sein, weil man mit vielen Menschen zusammenarbeitet, das ist ein Geben und Nehmen. Und deswegen denke ich, dass Teamfähigkeit schon erforderlich ist. Wenn man auf die Leute zugeht und sagt, hört mal zu, ich bräuchte die Information und warum schaut das hier so aus.«
Werkscontroller

»Es gibt ganz wenige Dinge, die ich hier in meinem stillen Kämmerlein alleine mache. Sondern in der Regel ist man ja immer darauf angewiesen, egal, ob es das Berichtswesen oder die Projektarbeit ist, zu sagen, ich brauche Input von irgendwelchen Leuten. Also Team ist ganz wichtig.«
Zentralcontroller

Besonders bei der Projektarbeit wird die Teamfähigkeit für Controller wichtig. Wenn viele Projektmitarbeiter mit unterschiedlichem Hintergrundwissen, Erfahrungen und Kenntnissen zusammenkommen, müssen die Controller im Team inhaltliche Unterstützung anfordern können.

»Wenn wir irgendein Projekt haben, Gründung von einem Joint Venture, M&A-Projekt, spezifisches Produkt, dann weiß ich nicht, wie viel Geld wir wirklich mit dem Produkt verdienen können, wenn das zum Beispiel in einem Werk X produziert wird. Dann muss ich mit dem Controller, wenn ich denn darf, in Vertraulichkeit mal reden und der muss für mich die Arbeit tun, das genau zu rechnen. Oder er muss mir zumindest all die Informationen geben, die ich brauche, um zu sagen: ich rechne jetzt mal runter, was haben wir da an Deckungsbeitrag und EBIT, EBITDA etc. Insofern sind Teamplayer ganz, ganz wichtig und zentral.«
Zentralcontroller

Trotzdem ergab sich in den Gesprächen, dass das Teamplayer-Dasein auch Schattenseiten beinhalten kann. Denn selbst als gute Teamworker sollten Controller nicht den Anschein erwecken, dass sie zu leicht von ihrer Meinung abweichen.

Die Controller dürfen diese Fähigkeit nicht damit verwechseln, allen Mitgliedern im Team gefallen zu wollen. Wer sich dem Team zu sehr verpflichtet fühlt, bringt die – noch zu erwähnende – Standfestigkeit in Gefahr:

»Teamfähigkeit sehe ich manchmal ein bisschen kritisch. Der Controller muss mit Sicherheit in der Lage sein, sich in ein Team zu integrieren. Das darf aber nicht seine Standhaftigkeit aufhalten. Wir hatten Controller da, die waren dermaßen weichgespült. Wir hatten mal einen hier, der hat geheult, weil sein Geschäftseinheitsmanager, dem er nicht mal hierarchisch unterstellt war, ihn mal zur Schnecke gemacht hat, wie er

Teamfähigkeit ist ein zweischneidiges Schwert

Zusammenarbeiten ja, anbiedern nein

Persönliche Fähigkeiten

Analytisches Denkvermögen hilft Verbesserungspotenzial aufzudecken

das ein oder andere behaupten könne. Dem haben wir schnell einen anderen Job besorgt.«
CFO

»Wenn er zu mir sagt: Ja, haben wir verstanden, wir wissen, das ist finanzielles Harakiri, aber wir haben noch andere Ziele, die wir verfolgen, also machen wir's. Dann kann ich's auch mal mittragen. Aber ich kann nicht einknicken und sagen: Gut Leute, dann rechne ich's nochmal neu und liefere was ab, was euch genehm ist. Diese Sorte von Teamfähigkeit brauchen wir nicht.«
Leiter Controlling

Entsprechend kommt es bei der Teamfähigkeit – auch aus Sicht der Manager – darauf an, sich integrieren zu können, ohne sich unnötig in Abhängigkeiten zu begeben oder gar gefallen zu wollen. Controller müssen Teamplayer sein, wenn es um die Zusammenarbeit im Controllerbereich, mit anderen Unternehmensbereichen und mit dem Management geht.

»Er muss soweit im Team mitspielen, dass die Schnittstellen passen, dass er Informationen kriegt und dass er Informationen wieder abgibt, sich im Management mit einbringt. Wenn er nur im stillen Kämmerchen sitzt und abgenabelt ist, dann bringt das auch nichts. Wenn nur einmal die Woche der Chef reinkommt und neue Zahlen verkündet, dann ist der Controller letzten Endes nur von der einen Nabelschnur abhängig. Das ist gar nicht zielführend.«
Manager Geschäftsbereich

Analytisches Denkvermögen und Erkennen von Schwachstellen

Analytisches Denkvermögen wird von den befragten Controllern interessanterweise selten aktiv angesprochen, obwohl diese Fähigkeit weit vorne rangiert bei Stellenanzeigenanalysen oder großzahligen Erhebungen (siehe dazu auch Kapitel 2). Die intensive Diskussion, die aber nach Erwähnung dieser Fähigkeit folgt, lässt darauf schließen, dass jeder Controller mit analytischem Denkvermögen ausgestattet sein sollte und diese Fähigkeit für einen Controller schon als so selbstverständlich angesehen wird, dass sie nicht mehr erwähnt wird.

Analytisches Denkvermögen ist für manche Controller eng verbunden mit Zahlen, die zu analysieren sind. Die Eigenschaft wird als wichtige Voraussetzung dafür gesehen, Verbesserungspotenziale im Unternehmen aufzudecken.

»Analytisches Arbeiten ist wichtig im Sinne von genauer Verarbeitungsweise von Daten. Wir haben hier sehr viele Schnittstellen, sehr viele verschiedene Systeme, daraus resultiert natürlich auch, dass man die verstehen und kennen muss, um die Daten aufzubereiten. Diese Arbeitsweise mit Zahlen sollte schon sehr stark ausgeprägt sein.«
Zentralcontroller

»Analytisches Verständnis braucht man bei der Analyse der Zahlen. Man möchte wissen, wo es herkommt, warum sind die Zahlen so wie sie sind. So stößt man auf Verbesserungspotenziale.«
Zentralcontroller

Die Fähigkeit, Verbesserungspotenziale zu erkennen, wurde im Gespräch immer wieder als die Fähigkeit, Schwachstellen zu erkennen beziehungsweise kritisch zu hinterfragen, bezeichnet. Doch auch diese Fähigkeit wurde – von Controllerseite – im Gespräch seltener direkt erwähnt, aber bei Nachfrage als wichtig erachtet. Viel vehementer hingegen hatten die Manager auf diese Anforderung hingewiesen. Die Controller erwähnten das Erkennen von Schwachstellen eher im Zusammenhang mit fachlich-methodischen Fähigkeiten. Der Hintergrund: Sind Controller fachlich fit, wird das Erkennen von Schwachstellen erleichtert.

> »Die Fähigkeit, kritisch zu hinterfragen, ist das Allerwichtigste. Dies gilt bei vielen Sachverhalten. Oft liegen Dinge, die scheinbar auf der Hand liegen, eben doch nicht so auf der Hand. Und Dinge, von denen man unterstellt, dass sie getan wurden, wurden eben doch nicht getan. Und wenn man hinterfragt, wer dafür zuständig ist, ist gar nicht klar, wer das ist. Also zu unterstellen, dass alles vernünftig läuft, ist auch in unserer Firma schon ein Risiko an sich. Deswegen muss man als Controller grundsätzlich hinterfragen. Und wenn dann doch alles in Ordnung ist, ist das eben auch ein Ergebnis.«
> DAX-30-Konzerncontroller

> »Es ist das A und O, dass man permanent immer wieder hinterfragt: Ist das in Ordnung so und kann man da nicht was verbessern. Das sollte eigentlich das A und O sein, dass man immer wieder alles in Frage stellt und nicht immer Schema F läuft. Ein Unternehmen ist permanent im Fluss und darum müssen Sie permanent immer wieder mal kritische Fragen stellen – auch sich selbst.«
> Dezentraler Controller

Standfestigkeit/Rückgrat

Standfestigkeit wurde von den Controllern häufig im Zusammenhang mit Teamplayer-Eigenschaften angesprochen: Letztere dürfen die Controller – wie erwähnt – nicht von ihrer Ansicht abbringen und zu »Umfallern«, die häufig und wenig nachvollziehbar ihre Meinung ändern, machen. Als entsprechend wichtig wurde die Standfestigkeit oder ein gewisses »Rückgrat« bezeichnet. Controller, die ständig ihre Meinung ändern, sind beim Management nicht beliebt und können sich den notwendigen Status, gehört zu werden, nicht erarbeiten. In diesem Zusammenhang wurde oft die Rolle der Controller als finanzielles Gewissen erwähnt. Sehen sich Controller in dieser Rolle, ist Standfestigkeit unerlässlich:

Controller dürfen nicht zu »Umfallern« werden

> »Standfestigkeit, das ist oberstes Gebot. Weil das eine Frage der Glaubwürdigkeit ist. Wenn Sie öfter mal Positionen und Aussagen wechseln, dann wird das gegen Sie verwendet. Und die Organisation testet das Controlling aus, gar keine Frage.«
> DAX-30-Konzerncontroller

> »Ich muss schon ein gewisses Standing haben und muss auch mal meinen Nacken raushalten, und muss nicht unbedingt immer mit den Wölfen heulen. Denn ich glaub auch von vielen wird der Controller als das finanzielle Gewissen wahrgenommen und wenn ich da zu schnell einknicke, kann ich diese Funktionen nicht ausüben. Er darf sich aber nie ganz verbohrt machen, er muss natürlich auch die operative Entscheidungsfähigkeit [des Managements] akzeptieren.«
> Leiter Controlling

Abhängigkeit der Controller gefährdet Neutralität

Manager brauchen Einschätzungen, die Gültigkeit besitzen

»Es gibt sicherlich Momente, das ist ganz normal, wenn man jemanden gegen das Schienbein tritt und sagt: Ihr habt zu hohe Kosten oder eure Preise sind zu niedrig. Der wird sich wehren. Der wird Argumente finden, manchmal richtig, manchmal vorgeschoben, und dann muss man sich schon hinstellen und seinen Standpunkt vertreten können.«
Zentralcontroller

In Bezug auf die Standfestigkeit unterscheidet sich das Selbstbild der Controller nicht von der Fremdeinschätzung durch die Manager. Letztere sind auf die Gültigkeit der von Controllern getroffenen Aussagen und Einschätzungen angewiesen, da sie die von Controllern gelieferten Informationen vor Manager-Kollegen oder Vorgesetzten vertreten müssen. Es wäre ungleich schwerer für die Manager, wenn Controller häufig von ihrer Meinung abrücken würden.

»Und ich erwarte auch Standfestigkeit von ihm. Wenn er mir jetzt Dinge gibt, die ich verwende bei der Führung, da hätte ich schon ein Problem, wenn er da mittendrin umkippt, nach dem Motto: Hm, vielleicht dann doch nicht. Und ich presch dann los in verschiedene Ebenen und Richtungen, das kann in der Kommunikation im Werk sein, das kann in der Kommunikation mit dem Vorstand sein, wo man dann auch nicht immer einer Meinung ist, wenn man in der Diskussion ist. Das heißt, der Controller muss schon das Rückgrat haben und darf mir nicht umkippen. Meine Argumentation basiert ja im Wesentlichen auf seinen Erkenntnissen, die ich dann verwende. Wenn der dann mittendrin sagt: Naja, das könnte ja doch und vielleicht – da werde ich verrückt.«
Manager Geschäftsbereich

Neutralität

Da der Controller häufig mehrere Manager auf verschiedenen Ebenen und Teilbereichen des Unternehmens unterstützt, wird in der Literatur gefordert, dass er im Rahmen seiner Tätigkeit gewisse Neutralität wahren soll, um nicht unglaubwürdig zu werden oder sich für Interessen instrumentalisieren zu lassen. Häufig werden ihm auch gewisse Schiedsrichterrollen zugeschrieben. Dies wird von den befragten Controllern grundsätzlich befürwortet. Dabei werden jedoch auch die Grenzen der Neutralität betont, interessanterweise noch mehr von den mittleren bis großen Unternehmen der zweiten Studie als von den Controllern in den DAX-Konzernen.

Controller finden sich nicht selten in einem Abhängigkeitsverhältnis wieder, denn auch Controller sind weisungsgebunden durch Vorgesetzte und haben möglicherweise »mächtige Kunden« in einflussreichen Managern, die versuchen, am längeren Hebel zu sitzen.

»Eigentlich sollte der Controller schon neutral sein. Er soll ja für das Gesamtunternehmen stehen und nicht nur einen Kern bevorzugen und den anderen dann zugrunde wirtschaften.«
Dezentraler Controller

»Natürlich gibt es da Grenzen, denn das Controlling hängt hier unter dem Finanzchef und natürlich bin auch ich weisungsgebunden.«
DAX-30-Konzerncontroller

»Gerade bei Controllern wird besonders kritisch hingeschaut, ob sie eine eigene Agenda haben oder ob sie nur ein Homunculus ihres Vorstandes sind, also so eine Art von Exekutivorgan, das mehr oder weniger im blinden Gehorsam die Weisheiten aus der obersten Etage verkündet.«
DAX-30-Konzerncontroller

»Darum muss man grundsätzlich unabhängig sein, aber so ganz unabhängig ist man dann eben doch nicht. Wir sind nun mal abhängig Beschäftigte und man muss auch manchmal Dinge begründen, bei denen man sich nicht ganz sicher ist, ob das so richtig ist. Man muss das realistisch sehen, das ist so. Den Controller, der mir erzählt, dass er unabhängig sei, gibt's vielleicht auch, der hat dann vielleicht ein Rittergut im Hintergrund.«
DAX-30-Konzerncontroller

Im Zusammenhang mit der Neutralität wurde von Seiten der Manager der Begriff des Vertrauens ins Spiel gebracht. Aus einer Position der Neutralität heraus erscheint es den Managern offenbar glaubhafter, dass der Controller ihnen helfen und nicht schaden will, auch wenn er negative Botschaften bringt.

»Er muss neutral sein, er muss auch den Ruf haben, neutral zu sein. Jeder, der mit ihm arbeitet und ihm Zahlen gibt, muss ihm zutrauen, dass er neutral ist, weil er ja unter Umständen verschiedene Bereiche oder verschiedene Geschäftseinheiten betreut. Ich muss ihm schon wirklich vertrauen, also auch, wenn es mal zu meinem Ungunsten ist.«
Manager Geschäftsbereich

Neutralität wird auch mit »kritischer Distanz« umschrieben, denn es droht die Gefahr – und das ist auch den Managern bewusst – dass der Controller für gewisse Interessenlagen instrumentalisiert wird. Besonders aus Sicht der Führungsebene im Unternehmen soll gerade dies verhindert werden, da sonst Ressourcen in Gefahr sind:

»Er muss auch die notwendige kritische Distanz halten können und das erlaubt ihm eigentlich seine Funktion in idealer Art und Weise. Er muss also schon auch aufpassen und abwägen, inwieweit er sich einfangen lässt, möglicherweise von einer spezifischen Interessenlage. Denn er hat ja letztendlich auch aus Sicht des Gesamtunternehmens dafür Sorge zu tragen, dass Ressourcen optimal eingesetzt sind. Er muss natürlich auch da Vorsorge treffen, dass er eine möglichst neutrale Meinung am Ende hat und damit auch eine wirkliche Grundlage schaffen kann für Entscheidungsfindung.«
CEO

Leadership

Von Controllern werden in der Literatur sehr oft Führungseigenschaften, auch umschrieben mit dem Schlagwort »Leadership«, gefordert. Hier zeigte sich von Seiten der Controller ein sehr zwiespältiges Bild. Grundsätzlich ist es ja das Management, dem Führungsverantwortung obliegt. Andererseits übernehmen Controller in leitender Position auch Verantwortung für Mitarbeiter, beispielsweise im Controllerbereich. Gebärden sie sich jedoch als Manager, indem sie an falscher Stelle Führungsfähigkei-

Neutrale Controller werden nicht so schnell für fremde Interessen instrumentalisiert

Ausgeprägte Leadership-Fähigkeiten der Controller können zu Konflikten führen ...

Persönliche Fähigkeiten

ten an den Tag legen und in heterogenen Gruppen versuchen, das Ruder an sich zu reißen, treten sie in Konkurrenz zum Management. Hieraus erwächst Konfliktpotenzial. Führungsfähigkeiten werden den Controllern jedoch dann zugestanden, wenn sie in ihrer Abteilung, zum Beispiel als Teamleiter oder als Controlling-Leiter, für andere Controller Verantwortung übernehmen.

»Wir vom Zentralcontrolling müssen die Controller draußen führen. Da ist es meine Aufgabe, dass ich mich einmal im Jahr beim Controllertreffen vor die Meute stelle, die zwei Tage lang entertaine und das auf eine Art und Weise mache, dass die mir blindlings folgen und auch über IFRS-Einführung, neues Reporting, Harmonisierung der Deckungsbeitragsrechnung – alles, was einen Haufen Arbeit für die bedeutet – sich rüberziehen lassen und brav eine Liefertermintreue einhalten, weil man einfach gut führt. Für einen Zentralcontroller ist das ungemein wichtig.«
Leiter Controlling

»Das wird meistens auf gewissen Ebenen gar nicht gern gesehen. (...) Für den Rest der Controller muss man aufpassen, dass die nicht anfangen, sich mit den operativen Managern zu beißen. Die sind natürlich eine gewisse Führung gewöhnt. Da gibt's diverse Alphamännchen und zunehmend Alphaweibchen, da muss man aufpassen, dass man denen nicht ins Gehege kommt.«
CFO

Führungsfähigkeiten bei Controllern sind also nicht gänzlich negativ zu sehen. Je höher der Controller in der Hierarchie angesiedelt ist und je mehr Mitarbeiter ihn zum Vorgesetzten haben, umso hilfreicher können Führungseigenschaften sein. Dies gilt besonders für seine weitere Zukunft, wenn es etwa um den Wechsel ins Management geht.

»Wenn es eine größere Abteilung ist mit vielen Leuten, dann muss er natürlich Leadership-Skills haben. Aber jetzt ganz notwendig nicht unbedingt. Das hängt natürlich auch davon ab, welche Position wir betrachten. Wenn wir den Herrn X betrachten, der aus dem Controlling kommt, aber auch CFO ist und demnächst auch noch den Bereich Rechnungswesen und die IT übernimmt, ist natürlich das Anforderungsprofil ein anderes. Insofern müsste man die Frage dann schon erweitern. Das heißt, das eine wäre die Person CFO, das andere wäre die Person operativer Zentralcontroller. Da ist natürlich das Profil schon ein bisschen anders.«
CEO

Flexibilität

Flexibilität wurde in den Gesprächen weniger intensiv als die letztgenannten Eigenschaften besprochen, aber dennoch von manchen Controllern gefordert. Diese Eigenschaft wird dabei besonders auf die Arbeitszeiten bezogen. Wenn der Monatsabschluss ansteht, muss länger gearbeitet werden, es ist also mit einem Nine-to-Five-Job nicht getan. Häufig wird dies von den Controllern im Unternehmen nicht explizit verlangt. Jedoch bleibt ihnen keine Alternative, weil sie sonst die an sie gestellten Aufgaben nicht rechtzeitig erledigen können.

... können aber auch Chancen beinhalten

Flexibel sein! Controlling ist selten ein Nine-to-Five-Job

Welche aktuellen Ergebnisse bietet die Praxis?

»In einem Unternehmen wie unserem mit flacher Hierarchie müssen Sie in der Lage sein, ganz kurzfristig auf bestimmte Anforderungen und Anfragen zu reagieren, ohne dass der normale Tages- und Arbeitsablauf dadurch gestört wird.«
DAX-30-Konzerncontroller

»Auch flexible Arbeitszeiten logischerweise: Um den Monatsabschluss herum die volle Belastung gehen und hinterher sehen, dass man wieder ein paar Stunden abbaut. Da muss man eigentlich solche Flexibilitäten auch mitbringen. Sicherlich auch mal länger bleiben, mal früher kommen, je nachdem wie die Anforderungen sind und das Ganze doch auch in einem gewissen Rhythmus. Man weiß schon, die ersten zehn Arbeitstage im Monat sind eher lang und die anderen zehn sind eher kürzer und das ist schon Voraussetzung mittlerweile, auch wenn das so natürlich nicht ausgesprochen ist. Aber man schafft sonst einfach sein Pensum nicht.«
Zentralcontroller

Selbstständigkeit

Sind Controller in ihrer Tätigkeit auf sich allein gestellt und zeitweise nicht im Team aktiv, tritt die Fähigkeit zu selbstständigem, eigenverantwortlichem Arbeiten in den Vordergrund. Aber auch, wenn es darum geht, beispielsweise in einem Projektteam eine Teilaufgabe zu bewältigen, sollten nicht bei jeder Kleinigkeit die Teamkollegen bemüht werden. Die Bedeutung der Selbstständigkeit ging für einen der befragten Controller sogar so weit, dass er dies als wichtigste Eigenschaft bezeichnet. Zu dieser Eigenschaft zählt auch die Bereitschaft, selbstständig zusätzliche Informationen einzuholen, direkte Wege zu gehen und eine gewisse Hemdsärmligkeit an den Tag zu legen.

»Selbstständigkeit, weil man meistens als Einzelkämpfer unterwegs ist, vor allem in den Geschäftseinheiten. Man muss auf die Leute zugehen, das heißt, Leute in der Fertigung, in der Arbeitsvorbereitung, im Einkauf, Verkauf, man muss sämtliche Daten anfordern, mit denen durchsprechen, was kann man optimieren, warum ist das so, warum haben wir rückläufige Erlöse oder Auftragseingänge etc. Da denke ich, ist einfach viel Selbstständigkeit verlangt.«
Dezentraler Controller

»Selbstständigkeit bedeutet, dass man einfach eine Anweisung sofort umsetzen kann, ohne dass man da großartig Kapazitäten von anderen Mitarbeitern braucht oder Meetings anberaumt oder was auch immer, also dass man das einfach in Angriff nimmt.«
Zentralcontroller

Interessanterweise wurde der Begriff der Selbstständigkeit von den befragten Managern nicht aufgeworfen. Ein Grund dafür mag darin liegen, dass Manager glauben, dass ihnen allzu selbstständige Controller entgleiten, sich quasi »verselbstständigen« könnten. Ein anderer Grund könnte darin liegen, dass manche Manager erst das Resultat der Controllerarbeit sehen und die Selbstständigkeit, mit der die Arbeit bewältigt worden ist, wiederum in den Bereich einer »Black Box« fällt.

Eigenverantwortliches Arbeiten ist gefragt

Controller-Anforderungen: zentral versus dezentral

Im Laufe der Gespräche mit Controllern, Managern und Personalverantwortlichen kristallisierte sich die organisatorische Ansiedlung der Controller als wichtiger Einflussfaktor, der für unterschiedliche Schwerpunkte in den Anforderungen verantwortlich ist, heraus. Nun wollen wir diese Unterschiede kurz näher betrachten. Dabei wird an dieser Stelle idealtypisch zwischen dezentraler, operativer Zentralebene und Zentralebene mit Führungsverantwortung unterschieden. In wenigen Unternehmen ist eine solche idealtypische organisatorische Anordnung der Controller anzutreffen, oft sind Übergänge zwischen zentral und dezentral fließend, insbesondere bei Großunternehmen mit komplexen Organisationsstrukturen. Trotzdem sei diese Unterscheidung zur besseren Veranschaulichung und Vergleichbarkeit herangezogen, zumal bei den Unternehmen der zweiten Studie die zentralen und dezentralen Ebenen leicht unterscheidbar waren.

Der dezentrale Controller

Der dezentrale Controller muss die Produkte besser kennen

Sind dezentrale Controller etwas mehr Techniker, haben sie es leichter

Der dezentrale Controller, in den betrachteten Unternehmen war dies meist ein Werks- oder Standortcontroller, ist dezentral angesiedelt und erbringt vor allem für die Manager vor Ort, beispielsweise für einen Werkleiter, seine Dienstleistungen. Ein wichtiger Unterschied vom Anforderungsprofil her ist die höhere Kenntnis von Produkten und Produktionsabläufen. Produktkenntnis ist bedeutsam für die Kalkulation und sie ist besonders für produktionsnahe Controller wichtig, um Fertigungsprozesse monetär richtig bewerten, aber auch in kleinerem Umfang Entscheidungsaufgaben übernehmen zu können.

»*Lässt man mal die Controller-Standardtugenden weg, dann würde ich von einem Standortcontroller besonders erwarten, dass er eine gewisse Produktionsnähe hat, eben ein Verständnis für die technischen Abläufe.*«
Leiter Controlling

»*Die Prozessgebundenheit ist im Werk draußen um ein Vielfaches höher als in der Zentrale. Prozesskenntnisse und auch mal Workflowpläne und solche Dinge aufzusetzen, das ist dann schon etwas, was ein Werkscontroller eher macht.*«
Zentralcontroller

»*Der Zentralcontroller ist sicher sehr stark geldorientiert und der Standortcontroller ist sehr stark prozessorientiert. Das sehe ich als Zweiteilung, ganz klar.*«
CEO

»*Der wichtigste Geschäftsprozess am Standort ist natürlich die Produktion.*«
Leiter Controlling

In den für diese Studie betrachteten Industrieunternehmen kommt hinzu, dass Material und Fertigungsprozesse sehr kapitalintensiv sind. Auch daher müssen Controller am Standort die Produktionsabläufe verstehen, um sie monetär bewerten zu können. Es nützt Controllern zudem, wenn sie ein wenig mehr technisches Verständnis mitbringen, da sonst beispielsweise die Ingenieure vor Ort schnell einen Informationsvorsprung bekommen. Letztere

---

Welche aktuellen Ergebnisse bietet die Praxis?

könnten das zu ihren Gunsten nutzen, wenn die Controller aus mangelndem technischen Verständnis die betriebswirtschaftliche Komponente eines komplexen Produkts nicht mehr beurteilen können. Nicht umsonst wünschten sich die Controller in Unternehmen C und in einem Geschäftsbereich von Unternehmen B – beides Einzelfertiger hochkomplexer Anlagen – einen Wirtschaftsingenieur als Controller. In dem besagten Teilbereich von Unternehmen B waren zwei Diplomkaufleute als Controller gescheitert, weil das technische Verständnis nicht reichte, so ein Manager.

»Bei uns sind Produktionskosten und Materialaufwendungen ein sehr hoher Anteil. Das muss verstanden werden, die technischen Abläufe müssen verstanden werden, die Produkte müssen verstanden sein und da muss ich wirklich mit Technikern mitreden können. Ich muss nicht besser sein als die, muss nicht alles können, aber ich muss eben die verstehen, damit ich das, was da passiert, abbilde, beherrsche und nicht Äpfel mit Birnen vergleiche. Das ist so die Kardinalfähigkeit für einen Standortcontroller.«
Leiter Controlling

Dieses technische Wissen und die Produktionsnähe stehen zwar per se in keinem Zusammenhang mit den geforderten Kommunikationsfähigkeiten der Controller. Die Zielgruppe, mit der Controller kommunizieren müssen, ist jedoch eine andere. Somit muss die Kommunikation durch die Controller mitunter angepasst werden.

»Jeder muss kommunizieren können, aber ich hab eine andere Klientel. Auf der Standortebene muss ich mit meinem Produktionsleiter sprechen können, ich muss mit meinen Vertriebsleuten sprechen können. Ich muss es möglich machen, meine Kostenrechnung denen verständlich zu machen, und brauch natürlich auch das Feedback von denen, brauche eine klare Arbeitsebene, wo ich nicht nur durch Fachchinesisch unangenehm auffalle.«
CFO

Ein befragter Controller geht sogar weiter und sieht die persönlichen Fähigkeiten der dezentralen Controller als noch wichtiger an. Auf dezentraler Ebene müsse mehr Abstimmungsarbeit sowohl intern als auch mit der Zentrale geleistet werden, was ein höheres Augenmerk auf bestimmte Fähigkeiten lenkt, zum Beispiel im Bereich der Kommunikationsfähigkeiten.

»Je dezentraler das ist, desto mehr sind die Soft-Faktoren wichtig, weil man aufgrund der Größe des Werks und der heutigen Struktur viel mehr abzustimmen hat.«
Zentralcontroller

Operativer Zentralcontroller

Der operative Controller in der Zentrale, wie wir ihn hier idealtypisch sehen, ist mit Aufgaben des Controlling-Tagesgeschäfts befasst und betreut das Management in der Zentrale, ist aber auch Ansprechpartner für dezentrale Geschäftseinheiten. In den Aussagen der Interviewpartner war eine Tendenz zu erkennen, dass der operative Zentralcontroller mit stärker ausgeprägten analytischen Fähigkeiten ausgestattet sein muss als sein Kollege auf dezentraler

Vom operativen Zentralcontroller wird noch mehr Standfestigkeit gefordert

Ebene. Die Geschäftsprozesskenntnis muss überblicksartiger und weniger detailliert sein, die Produktkenntnis kann weniger ausgeprägt sein, weil er nicht mehr so nah am Produktionsprozess ist. Hinzu kommt dafür jedoch eine genauere Kenntnis des Unternehmensumfelds und der Märkte.

Bei den persönlichen Fähigkeiten wird vom Zentralcontroller zudem mehr Standfestigkeit gefordert, da er teilweise gegenüber Werken und/oder Tochterunternehmen seine Position vertreten und sich gegenüber deren Interessen erwehren muss.

»*Ein Controller in der Geschäftseinheit muss relativ schnell und gut analysieren und vor allem Inkompatibilitäten relativ schnell herausfischen können. Der muss schon relativ schnell die Konzepte verstehen und auch die Abweichungen von den Konzepten durchdringen können, sich nicht von einzelnen Standorten abspeisen lassen und wirklich so lang nachbohren, bis alles soweit rund ist.*«
Leiter Controlling

Völlig ohne Produktkenntnis durchs Controllerleben zu gehen, wäre für einen Zentralcontroller jedoch ebenso fahrlässig. Es besteht die Gefahr, sich zu sehr von dezentralen Einheiten abzukoppeln und schlussendlich nicht mehr mitreden zu können. Dies wäre beispielsweise in Unternehmen A ein großes Problem, da sich die Kunststoffprodukte, die in den dezentralen Einheiten hergestellt werden, häufig ändern und insgesamt kurzen Lebenszyklen unterliegen. Hier muss der Zentralcontroller zumindest grob auf dem Laufenden bleiben.

Ein Interviewpartner erwähnte zudem Reisebereitschaft und Flexibilität im Zusammenhang mit dem operativen Zentralcontroller, da sich dieser auch mal ein Bild vor Ort machen muss.

»*Ein gewisses Verständnis für seine Produkte muss er schon noch haben, auch für die Techniken, die dahinter stehen, sonst kann er es einfach nicht erklären.*«
CFO

»*Der Controller in der Geschäftseinheit muss auch eine gewisse Reiselust an den Tag legen.*«
Leiter Controlling

»*Wer im Zentralbereich keine Geschäftskenntnis hat, wird wahrscheinlich wenig Akzeptanz in den Gesellschaften finden für das, was da zentralseitig durchzusetzen ist. Dann wird er halt nur als Zahlensammler verschrien sein und nicht ernst genommen werden. Die Geschäftskenntnis muss wohl nicht so detailliert sein wie dezentral.*«
CEO

Was immer wieder Erwähnung fand im Zusammenhang mit Zentralcontrolling war das Thema Strategie, was für diese Controller ein ausgeprägtes Wissen in Strategiethemen notwendig macht. Dies ist auch nicht verwunderlich, hat doch die Zentrale, zumindest in den drei betrachteten Unternehmen der zweiten Studie, das letzte Wort bei der Unternehmensstrategie.

»*Der Controller in der Zentrale hat schon eine andere Verantwortung, der muss natürlich über den Tellerrand schon bisschen hinausblicken und auch so ein strategisches Händchen haben.*«
CFO

Sind die Controller im Strategieprozess aktiv, müssen sie über den Tellerrand hinausschauen

Ganz ohne Produktkenntnis kommen Zentralcontroller nicht aus

»Diese Geschäftsprozesse werden auf der Zentralebene plötzlich viel viel weiter, das geht nicht nur ins Working Capital-Management rein, sondern auch in die Strategieentwicklung und Unterstützung zur Strategieentwicklung.«
Leiter Controlling

Kommt Strategie in der Zentrale ins Spiel, ist es für die Controller zudem notwendig, nicht mehr nur die inneren Abläufe zu verstehen, sondern verstärkt den Blick nach außen auf Märkte, Wettbewerber oder Ähnliches zu richten, um fundierter strategisch beraten zu können.

»Die Controller müssen insbesondere über den eigentlichen Geschäftsprozess und die Dinge, die im Unternehmen abgewickelt werden, hinausdenken, auch das Umfeld verstehen lernen.«
Leiter Controlling

Unerlässlich für die Strategiebeteiligung der Controller ist ein Verständnis der Gesamtgeschäftsprozesse im Sinne eines »Big Picture«.

»Wir hier müssen strategische Konzepte entwickeln. Dazu muss ich wirklich alle strategischen Geschäftsprozesse der Standorte verstehen, um sie überhaupt zu einem Gesamtprozess verketten zu können. Wie soll ich das am besten illustrieren? Ich hab eine virtuelle Organisation in der Geschäftseinheit, die zunächst mal nur eine Vertriebseinheit ist. Und jetzt muss ich helfen zu verstehen, was treibt welches Produkt an welchem Standort. Das ist nicht nur eine Deckungsbeitragsfrage, sondern auch eine der Qualität. Ich muss schon einmal diesen kompletten Vorgang vom Auftragseingang bis zur Auftragserfüllung und – jetzt gehen wir einen Schritt weiter – bis zum Zahlungseingang verstanden haben, um wirklich einen Manager umfassend begleiten zu können.«
CFO

»Im Zentralen geht es dann schon mehr um Standardisierung von den gesamten Daten, um Analyse, Lösungsvorschläge. Dann muss das vor Ort umgesetzt werden und dann wird der Ball eigentlich wieder an den Controller im Werk draußen zurückgeworfen.«
Zentralcontroller

Zentralcontroller mit Führungsverantwortung

Für den Zentralcontroller mit Führungsverantwortung, also beispielsweise den Leiter des Controllings im Unternehmen oder den obersten Konzerncontroller, ist die persönliche Fähigkeit der Standfestigkeit noch bedeutender als bei den dezentralen oder operativ tätigen Zentralcontrollern. Sie unterliegen noch mehr Management-Attention, insbesondere von Seiten des hochrangigen Managements etwa im Vorstand. Hier als »Umfaller« zu gelten, wäre fatal.

»Auf der Vorstandsebene ist alles möglichst so zu verdichten, dass die schnell eindeutige Entscheidungen treffen können, ohne großes Blabla. Insbesondere darf ich mir da keine Unsicherheiten geben oder keine Unsicherheit vermitteln, denn dann fangen die sofort an gnadenlos nachzubohren.«
Leiter Controlling

Noch weiter in den Vordergrund rückt das analytische Denken, da die

Der Chefcontroller im Zentralbereich muss noch besser kommunizieren können ...

... und noch flexibler sein

Konzerncontrolling-Leiter häufig mit konzeptionellen Aufgaben betraut sind.

»*Der [Controllingleiter] muss sehr stark analytisch denken, eigentlich ist er diesem ganzen technischen Prozess etc. schon so stark entrückt, dass er eher zum Beteiligungscontroller wird und relativ stark ist auf der Finance-Seite. Nichts ist blöder, als wenn ich Maßnahmen einleite, die buchhalterische Konsequenz nicht verstehe oder die Abweichung zu Buchwerten nicht erklären kann.*«
Zentralcontroller

»*Er muss einen Adlerblick entwickeln können und sehr stark übergreifend konzeptionell denken, also auch in andere administrative Bereiche hinein konzeptionell denken können.*«
Leiter Controlling

Kommunikationsfähigkeit ist auf Grund des beschriebenen hochrangigen Managementkontakts ebenfalls zentral für Controller mit Führungsverantwortung; damit eng verknüpft ist die Fähigkeit zu motivieren.

»*Wichtig ist, dass das, was man hier vorbereitet, klar und verständlich kommuniziert wird. Aus dieser klaren Verständlichkeit wächst dann auch das Zutrauen, dass das alles so seine Richtigkeit hat und relativ schnell die richtigen Schlussfolgerungen gezogen werden.*«
Zentralcontroller

»*Die Zahlen aufzeigen, das kann er in der Schule lernen. Dass er jetzt Zahlen vergleicht und sagt, es sind Kosten nicht im Lot oder da kann man was anders und besser machen. Aber das Umfeld zu motivieren, die Handlungsweise zu ändern, ist doch entscheidend.*«
CEO

Weiterhin wurde die Anforderung der Flexibilität nochmals aufgegriffen. Je zentraler der Controller angesiedelt ist und je stärker er Verantwortung für andere Controller, beispielsweise als Controllingleiter, trägt und mit dem Topmanagement in Kontakt steht, umso flexibler muss er sein. Ein Grund dafür ist unter anderem, dass auf höherer Ebene die Controlleraufgaben nicht mehr so leicht planbar sind und nicht selten neue Aufgaben und Problemfelder – häufig als Projektarbeit organisiert – durch das Topmanagement ergänzt werden.

»*Je weiter ich in diese drei Ebenen [Dezentral-Zentral-Controllingleiter] hochkomme, umso flexibler muss ich sein.*«
Leiter Controlling

Aus dieser Flexibilität heraus muss sich der Controller auf zentraler Führungsebene so positionieren, dass er bei entscheidenden Inhalten regelmäßig durch das Management gehört wird. Die detaillierte Kenntnis von Geschäftsprozessen tritt dabei auch in den Hintergrund.

»*Auf der Konzernebene spielt die Geschäftskenntnis fast schon wieder weniger eine Rolle, zumindest bei unserem kleinen Konzernchen, da sind dann so viele informelle Kontakte und da gibt's keine standardisierten Geschäftsabläufe mehr. Es ist eher wichtig hier, in diesem neuronalen Netz virtueller Beziehungsgeflechte so positioniert zu sein, dass man da irgendwo immer seinen Senf dazugeben darf, wenn man möchte.*«
CFO

Controller-Anforderungen im Kontext

Im nun folgenden Abschnitt wollen wir schließlich betrachten, unter welchen weiteren Umständen es zu Veränderungen oder unterschiedlichen Schwerpunkten in Controller-Anforderungsprofilen kommen kann. Eine solche Rahmenbedingung, nämlich die Ansiedlung der Controller zentral versus dezentral, haben wir schon kennengelernt und gesehen, dass bestimmte Anforderungen wichtiger werden als andere. Die folgenden Abschnitte zeigen die Ergebnisse der Diskussion mit den Interviewpartnern zu diesen Gesichtspunkten. Dabei konnten die meisten Controller oder Manager aus eigener Erfahrung sprechen: Nahezu jedes der drei Unternehmen ist im Laufe der Jahre internationaler geworden, hat Krisenzeiten erlebt, die Innovationstätigkeit vorangetrieben oder eine Vergrößerung des Controllerbereichs erfahren.

Internationalisierung des Unternehmens

In den betrachteten mittleren bis großen Unternehmen war die Ausrichtung zunächst national, doch in den letzten fünf bis 15 Jahren erfolgte eine Internationalisierung, einerseits wegen einer zunehmenden Exportorientierung, andererseits über Produktionsstätten im Ausland. Dies war für die Controller teilweise einschneidend, waren sie doch nun mit internationalen und interkulturellen Fragestellungen betraut – ganz abgesehen von Fremdsprachen. Die internationale Ausrichtung der Unternehmen erhöhte die Bedeutung von Fremdsprachen und die Bedeutung interkultureller Handlungskompetenz.

»Man braucht Fremdsprachenkenntnisse auf der einen Seite, dann aber natürlich Wissen im Umgang mit anderen Menschen. Ich war mal in einem Land, da ist ab vierzehn Uhr jeder in seinem Garten. Aber Sie brauchen trotzdem auch von den Leuten, die aus unserer Sicht dann nur halbtags arbeiten, erhebliche Kooperation und, gut, manchmal haben Sie Glück, dann können Sie sie abends ja noch mal treffen, wenn alles erledigt ist zu Hause. Das ist einfach eine andere Welt. Da braucht man natürlich andere Fähigkeiten und muss dann auch mal alles Mögliche über Bord schmeißen, um voran zu kommen.«
Zentralcontroller

Ein anderer Gesprächspartner stellte den Zusammenhang zwischen interkultureller Kompetenz und der Controller-Hierarchie heraus. Demnach muss die interkulturelle Kompetenz zunehmen, je hochrangiger Controller beziehungsweise je zentraler sie angesiedelt sind, weil sie öfter mit anderen Soziokulturen in Kontakt kommen. Weiterhin wurden im Zusammenhang mit der Internationalisierung des Unternehmens vermehrt Kenntnisse in internationaler Rechnungslegung oder verschiedener internationaler Rechtsformen erwähnt. Jedoch wurde auch hier deutlich, dass internationale Rechnungslegung nur dann beherrscht werden muss, wenn das Unternehmen auch nach solchen Grundsätzen bilanziert.

Wird es international, geht es nicht mehr ohne Fremdsprachen

Interkulturelle Kompetenz wird in der Zentrale noch stärker benötigt

Spezialisierung der Controller wächst mit der Unternehmensgröße

Größe des Controllerbereichs

Als nächstes wurde die Größe des Controllerbereichs als Einflussfaktor auf das Anforderungsprofil untersucht. Unabhängig von konkreten Ausprägungen des Anforderungsprofils wurde der Spezialisierungsgrad der Controller von den Gesprächspartnern angesprochen. Demnach steigt die Spezialisierung der Controller auf bestimmte Tätigkeiten mit zunehmender Größe des Controllerbereichs. Mit steigendem Spezialisierungsgrad werden weniger breite, jedoch in manchen Bereichen detailliertere Anforderungen an Controller im Bereich der fachlich-methodischen Fähigkeiten gestellt.

»Je größer die Abteilung ist, umso mehr ist der Spezialisierungsgrad vorangeschritten. Man hat gewisse Aufgabengebiete, die man regelmäßig ableistet. Da ist die Spezialisierung dann besonders groß und Sonderaufgaben sind eigentlich eher unbekannte Aufgaben. Da hat dann jeder die Herausforderung, es mit seinem Wissen anzugehen. Die Spezialisierung in größeren Abteilungen ist dann doch enorm, und wenn Sie Einzelcontroller sind, wenn Sie Werkscontroller sind, dann sind Sie breiter unterwegs.«
Zentralcontroller

»Die Größe des Controllerbereichs hat starken Einfluss. Bei uns zum Beispiel dadurch, dass wir Spezialisten haben, ist es eben nicht so weit gefächert, was man an Kenntnissen mitbringen muss, sondern man braucht eher eine Spezialisierung. In bestimmten Bereichen ist man gut, der Rest ist dann Basic-Wissen. In kleineren Unternehmen oder kleineren Controlling-Abteilungen braucht man mehr das allumfassende Wissen.«
Werkscontroller

Mit der Größe des Controllerbereichs wurde auch die Unternehmensgröße in Zusammenhang gebracht. Ausgehend von der Tatsache, dass der Controllerbereich mit zunehmender Unternehmensgröße wächst, steigt der Spezialisierungsgrad mit zunehmender Unternehmensgröße.

»Dann ist es wiederum so, dass der eine oder andere spezialisierte Aufgaben hat. Einer kümmert sich nur um Vertriebscontrolling-Fragen, Produktionscontrolling-Fragen, das leitet sich aus der Größe irgendwo ab. Generalist oder Spezialist. Das hängt ganz stark von der Unternehmensgröße ab. Definitiv.«
Werkleiter

Komplexitätszuwachs

Weiterhin wurde betrachtet, inwieweit komplexere Prozesse und Produkte im Unternehmen Auswirkungen auf das Anforderungsprofil haben. Deutlich zu erkennen ist ein Einfluss erhöhter Produktkomplexität. Komplexere Produkte verlangen von den Controllern höhere und detailliertere Produktkenntnis. Insbesondere in Unternehmen C, das im Controlling einen starken Schwerpunkt auf Produktionscontrolling legt, war dies zu erkennen. Grund dafür ist die in dem Unternehmen vorliegende Einzelfertigung großer Anlagen. Bei verzögerter Auslieferung drohen hier hohe Konventionalstrafen, sodass die Controller immer ein Augenmerk auf mögliche

Engpässe legen müssen und erkennen müssen, wo die Durchlaufzeit verkürzt werden kann. Ohne Produktkenntnis werden Engpässe und Möglichkeiten, diese zu umgehen, schwerer erkannt.

»*Weil die Anlagen einfach komplexer geworden sind, muss der Controller die Produkte besser kennen. In der Vergangenheit war das ein Auftrag, zum Beispiel Stahlträger, das kann ich relativ einfach verstehen. Da gibt es eine Zeichnung mit Trägern, die müssen ausgeliefert werden. Heute muss er mehr in der Technik Bescheid wissen, um überhaupt eine Kalkulation zu machen und seine Aufgaben auch wahrnehmen zu können, weil es einfach viel komplexer und umfangreicher geworden ist.*«
Manager Geschäftsbereich

Mit detaillierter Produktkenntnis geht technisches Wissen einher, beispielsweise im Bereich der Produktionsprozesse.

»*Die Aufträge sind immer komplexer geworden, bis wir dann halt auch irgendwann gesagt haben, pass auf, man muss die Aufträge besser im Detail überwachen (...). Das war eigentlich für mich der entscheidende Schritt, um noch während des Auftrages gewisse Dinge zu beeinflussen.*«
Zentralcontroller

Die zunehmende Komplexität der Produkte und damit auch der Prozesse im Unternehmen hatte in einem Unternehmen erst die Entstehung eines Controllings begünstigt.

»*Früher vor 15 oder 20 Jahren haben wir das nicht so gehabt mit dem Controller, dass der von der Pike auf alles führt und überwacht. Das war einfach gar nicht vorhanden. Da hat man vieles in Besprechungen geklärt und zum Schluss war eine Auswertung da: Pass auf, der Auftrag ist total daneben gegangen. Aber das hat man halt im Vorfeld ohne Controlling nicht mehr abfangen können.*«
Zentralcontroller

Wirtschaftlicher Druck

Als weiterer Einflussfaktor auf das Anforderungsprofil wurde wirtschaftlicher Druck auf das Unternehmen betrachtet. In den Gesprächen wurde deutlich, dass wirtschaftlicher Druck vor allem die persönlichen Fähigkeiten in den Vordergrund rückt. Insbesondere Standfestigkeit und Kommunikationsfähigkeit gewinnen hier an Bedeutung. Befindet sich ein Unternehmen in der Krise, besteht beim Management besonders hohe Opportunismusgefahr: Pfründe sind gefährdet, Einflüsse könnten durch die Umstrukturierung oder Stilllegung von Geschäftsbereichen schwinden. Umso mehr werden sich manche gegen mögliche, von den Controllern vorgebrachte, Verbesserungsmaßnahmen zur Wehr setzen. Hier dürfen die Controller nicht klein beigeben, müssen noch mehr mit Sachargumenten überzeugen und fadenscheinige Argumente entlarven.

»*Eine Firma, die auch mal in einem Rationalisierungsprozess ist, führt natürlich auch dazu, dass man mit Daten umgehen muss, die unerfreulich sind und die man dann eben mal vertreten muss. Zumindest gegenüber dem Vorgesetzten. Nach außen natürlich eher*

Wirtschaftlicher Druck sorgt für Opportunismusgefahr bei Managern. Controller müssen noch standfester sein

nicht, weil das sowieso dann anderen obliegt, das zu kommunizieren.«
Zentralcontroller

»Man muss dann eben einfach charakterstark sein. Man kann immer einfacher positive Zahlen vermitteln als negative. Deswegen würde ich sagen, bei einer schwierigen Lage des Unternehmens werden die – sagen wir mal – weichen Fähigkeiten vielleicht etwas mehr strapaziert. Die Art und Weise der Tätigkeit wird nicht so wesentlich anders sein.«
Leiter Controlling

Da wirtschaftlicher Druck auf das Unternehmen auch Druck auf die Controller bedeutet, wird mehr Flexibilität von ihnen verlangt. Da sich dies auch – wie bereits weiter oben erwähnt – in längeren und ungleichmäßigeren Arbeitszeiten bemerkbar macht, kann das in Krisenzeiten auch dazu führen, dass ein Controller sein Privatleben zurücknehmen und noch mehr für das Unternehmen tun muss.

»Dann hat man wesentlich mehr Druck auszuhalten. Man muss wesentlich flexibler mit seiner Arbeitszeit umgehen, das Privatleben entsprechend auch mal zurückstellen können.«
Werkscontroller

In Krisenzeiten müssen Controller das Geschäft besser denn je kennen

Weiterhin wird Geschäftsprozesskenntnis wichtiger für die Controller, wenn das Unternehmen unter Druck gerät. Wird beispielsweise im Zuge einer Krise beschlossen, dass sich das Unternehmen auf sein Kerngeschäft zurückzieht, muss der Controller auch wissen, was dieses Kerngeschäft ist beziehungsweise mithelfen können, es im Restrukturierungsprozess zu identifizieren. Dabei ist aber insbesondere die übergeordnete Geschäftsprozesskenntnis gemeint, weniger die detaillierte Produktkenntnis. Zentralcontroller tun sich hier leichter, da sie idealerweise bereits das Big Picture vor sich haben.

»Da geht man als Zentralcontroller in ein Werk rein und zieht da eine neue Kostenrechnung auf. Das heißt, da muss man in einem Turnaround natürlich erstmal vor Ort verstehen lernen, wo es denn überhaupt hakt, weil einfach Standardwerkzeuge versagen.«
Leiter Controlling

Ohne Geschäftskenntnis ist es dem Controller nicht möglich, ein Gespür für Trends zu haben. Dieses Erkennen von Trends hatte sich ein Manager von Controllern in Krisenzeiten gewünscht und bestärkt damit die These – wie auch an etlichen anderen Stellen der Controllingliteratur gefolgert wird – dass Controller einen besonders krisenfesten Beruf haben.

»Wenn die Ergebnissituation oder Auftragssituation Freiheitsgrade zulässt, dann ist es ein entspannteres Arbeiten. Wenn der Leidensdruck steigt, dann muss der Controller letztendlich noch hartnäckiger sein, muss noch rechtzeitiger bestimmte Trends erkennen können und die auch transparent darstellen können. Er ist dann so ein Vorbote im weitesten Sinne für sich abzeichnende Trends. Und die Wichtigkeit des Controllers steigt umgekehrt proportional in Abhängigkeit von der Ergebnissituation.«
Werkleiter

Die Standfestigkeit wird auch dafür benötigt, wenn Controller selbst in die Umsetzung von Restrukturierungsplä-

Welche aktuellen Ergebnisse bietet die Praxis?

nen involviert sind. Sollen diese durchgesetzt werden, dürfen Controller nicht klein beigeben. Zusätzlich wird Unabhängigkeit noch bedeutsamer. Ein Gesprächspartner sah für Krisenzeiten den Vorteil einer Stabsstelle, in der Controller organisiert sind.

»Controlling ist Kaufen, aber auch Verkaufen, Schließen. (...) Es gehört halt auch dazu – das ist das Unangenehme – aber Spannende teilweise auch, dass man Themen wie Sozialpläne und Ähnliches begleiten muss. Keiner hat dazu Lust, aber es ist schon sehr interessant, das mal mitzumachen als Zentraler. Als Stabsmensch hat man immer den Vorteil, dass man da nicht direkt selber davon betroffen ist, auch betrifft es nicht die unmittelbaren Kollegen in der Regel.«
Zentralcontroller

Steht das Unternehmen unter wirtschaftlichem Druck, muss die Strategie hinterfragt werden. Daher rückt für den Controller Wissen um strategische Fragestellungen in den Vordergrund.

»Wenn das Werk strukturelle Schwierigkeiten hat, weil was auch immer passiert ist und wer das verursacht hat und der Controller das Standing hat bei den Geschäftseinheitsleitern, sodass die sagen: Okay, der bringt mir Added Value, dann reden die Leute mit einem auch über strategische mittelfristige, langfristige Projekte. Wenn Sie hier eingestellt werden als Zentralcontroller, wird nicht am nächsten Tag ein Geschäftseinheitsleiter anrufen und sagen: Ich wollte mit Ihnen mal über die strategische Ausrichtung meiner Einheit sprechen.«
Zentralcontroller

Innovationslastigkeit

Als nächster möglicher Einflussfaktor wurde die Innovationslastigkeit eines Unternehmens untersucht. Sie betrifft insbesondere die Produkte, die teilweise vom Markt gewünscht werden beziehungsweise für einen Weiterbestand des Unternehmens erforderlich sind.

Zunächst wurde von Gesprächspartnern die Kostenrechnungskenntnis bei den fachlich-methodischen Fähigkeiten hervorgehoben. Diese wird wichtiger, wenn es darum geht, die Marktfähigkeit von Innovationen von der Kostenseite her zu analysieren. Grundsätzlicher Tenor war, dass die Unsicherheit für Controller bei hoher Innovationstätigkeit und -notwendigkeit im Unternehmen zunimmt.

»Je mehr Technik, je mehr Entwicklung, je mehr Marktprognose hereinkommt, umso größer ist die Unsicherheit für den Controller. Die Unsicherheit hat natürlich selbst der Geschäftsführer noch oder der Vertriebsleiter zu meistern oder der Entwicklungsingenieur. Aus meiner Sicht hat der Controller hier dann die ganz große Kenntnis auf Kostenseite.«
Zentralcontroller

»[Bei starker Innovationsorientierung] sind die Anforderung ganz sicher noch mal anders und je höher solche Dinge anwachsen, desto größer wird dann eben auch die Unsicherheit. Es gibt genug Produkte, da wird viel geforscht und die haben sich dann doch dummerweise ganz schlecht verkauft. Aber das kann man als Controller genauso wenig vorher sagen wie vielleicht der Entwickler selbst.«
CFO

Bei innovationsorientierten Unternehmen hilft die Kostenrechnungskenntnis der Controller

Persönliche Fähigkeiten sind aus dem Anforderungsprofil der Controller nicht mehr wegzudenken

Um Mehrwert für die Praxis zu generieren, muss abstrahiert werden

Von den persönlichen Fähigkeiten gewinnen Teamfähigkeit und erneut die Kommunikationsfähigkeit an Bedeutung. Da bei Innovationen tendenziell Ingenieure beteiligt sind, fällt den Controllern vielfach eine Vermittlerrolle zu, wenn es darum geht, für Innovationen nachhaltige Marktfähigkeit festzustellen. Dies funktioniert häufig nur in enger Zusammenarbeit mit den Innovationsträgern im Unternehmen; daher werden Kommunikations- und Teamfähigkeiten wichtiger.

»*Da spielen dann auf jeden Fall diese Dinge wie Teamfähigkeit eine Rolle, Kommunikationsfähigkeit und auch wieder eine Vermittlungsfunktion eventuell, falls unterschiedliche Meinungen auftreten.*«
Zentralcontroller

Zusammenfassung

Die Ergebnisse dieser qualitativen Studien haben ein anschauliches Bild der Vorstellungen der Controller und Manager von verschiedenen Fähigkeiten im Controller-Anforderungsprofil gezeichnet. Hierzu seien noch einige gesamthafte Gesichtspunkte zusammenfassend erwähnt:

- Mit qualitativen Studien gelingt es, ein facettenreicheres Bild von Controller-Anforderungen zu zeichnen, das sich weniger an der Oberfläche bewegt und konkreter wird, als das in schriftlichen Befragungen möglich ist. Es wird nicht mehr nur »der« Controller im Allgemeinen betrachtet, sondern verschiedene Rahmenbedingungen angesehen und diese miteinander in Verbindung gebracht.

Selbstverständlich würde sich das exakteste Bild von einem Controller-Anforderungsprofil dann ergeben, wenn eine bestimmte Controllerstelle einzig und allein betrachtet und in aller Ausführlichkeit beschrieben würde. Dies würde aber für unsere Zwecke keinen Mehrwert bringen, da keine Schlussfolgerungen für andere Stellen getroffen oder bestimmte Zusammenhänge aufgezeigt werden können. Man muss also abstrahieren, insbesondere um Empfehlungen für die Praxis zu gewinnen. In Ihrem Unternehmen jedoch haben Sie genau die Chance, ganz konkret zu werden und für viele einzelne Controllerstellen individuelle Anforderungsprofile zu erheben. Anregungen haben Sie in Kapitel 3 erhalten, Kapitel 4 wird das noch ergänzen.

- Die Bedeutung der Geschäftskenntnis für Controller ist in all ihren detaillierten Ausprägungen sehr deutlich geworden. Die immer wieder erwähnte Abkehr von der Rolle des Zahlenknechts geht einher mit erhöhter Geschäftskenntnis. Wer würde mit einem Businesspartner reden wollen, der nichts vom Business versteht?
- Persönliche Fähigkeiten sind aus dem Anforderungsprofil der Controller nicht mehr wegzudenken. Dies wird umso deutlicher, als es genau diese Kategorie ist, in der die Gesprächspartner bei veränderten Rahmenbedingungen die meisten Veränderungen sehen. Vielleicht ist dies auch ein Ausdruck dafür, dass hier noch Defizite bei den Controllern liegen und diese Fähigkeiten in den Unternehmen manchmal (noch) nicht die Relevanz besitzen, die sie eigentlich haben

sollten. Das Problem an persönlichen Fähigkeiten ist auch, dass sie nicht so leicht nachprüfbar sind wie konkretes Wissen um die Deckungsbeitragsrechnung oder ein Framework in IFRS.
- Obwohl wir hier viele Fähigkeiten angesprochen haben, ist es nicht der Fall, dass der Controller einmal mehr als Supermann dargestellt worden wäre. Bei den diskutierten Fähigkeiten wurde vielmehr deutlich, dass es sich um zentrale Anforderungen handelt, die jedoch unter bestimmten Rahmenbedingungen unterschiedliche Relevanz besitzen, was dazu führt, dass manche Fähigkeiten auch wieder in den Hintergrund treten. Weiterhin ergaben sich auch innerhalb bestimmter Fähigkeiten differenzierte Bilder, wie etwa bei Leadership oder Teamfähigkeit. Bei einem Supermann würde alles gleich (perfekt) bleiben. Selbstverständlich sind die diskutierten Anforderungen durchaus anspruchsvoll, aber die Controllerposition ist es eben auch und – betrachtet man die Entwicklung der letzten Jahrzehnte – mit immer noch steigender Tendenz.

Im nun folgenden Kapitel werden Sie viele der eben besprochenen Inhalte in einem konkreten Praxisbeispiel wiederfinden: Im Chemieunternehmen BASF nimmt der Controller die moderne Rolle des Businesspartners ein. In dem Zusammenhang wird erläutert, wie man als Unternehmen einen solchen Businesspartner bekommt, was ihn ausmacht und wie man sich ihn dauerhaft erhält.

4 Praxis konkret: Business Partnering im Controlling bei BASF

Das Unternehmen

Die BASF – the Chemical Company – ist das weltweit führende Chemieunternehmen und verbindet seit 1865 Innovation mit Tradition. Das Produktportfolio reicht von Chemikalien, Kunststoffen und Veredlungsprodukten bis hin zu Pflanzenschutzmitteln, Feinchemikalien sowie Öl und Gas.

Ziel der BASF ist es, durch profitables Wachstum den Wert des Unternehmens ständig zu steigern. Zugleich wird wirtschaftlicher Erfolg mit gesellschaftlicher Verantwortung und dem Schutz der Umwelt verbunden. Das Unternehmen trägt dazu bei, Antworten auf globale Herausforderungen wie Klimaschutz, Energieeffizienz, Ernährung und Mobilität zu finden. BASF eröffnet seinen Kunden mit hochwertigen Produkten, intelligenten Lösungen, Innovationen und neuen Technologien neue Marktchancen.

Die BASF gliedert sich dabei in 14 Unternehmensbereiche, die sich ihrerseits in insgesamt 72 globale beziehungsweise regionale Geschäftseinheiten unterteilen.

Die BASF ist in 14 Unternehmensbereiche gegliedert

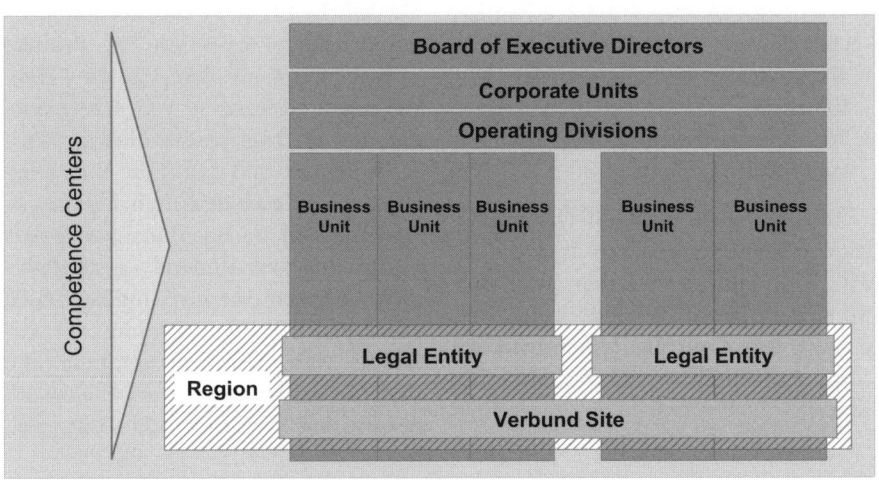

Abbildung 8: Die Matrixorganisation der BASF

BASF ist in Form einer Matrix organisiert, das heißt, dass neun Zentralbereiche beziehungsweise -abteilungen, elf Competence Center gruppenweite Governance- und Dienstleistungen erbringen und dass vier Regionalbereiche das Geschäft unterstützen und mit Infrastruktur versorgen. Die Geschäftsverantwortung liegt bei den Unternehmensbereichen und Geschäftseinheiten.

Ein wichtiges BASF-Charakteristikum ist das »Verbundprinzip«, das heißt eine möglichst optimale Vernetzung von Produktionsbetrieben, Energie- und Abfallströmen, Logistik und Infrastruktur sowie der Forschung. Dies stellt eine hocheffiziente Nutzung von eingesetzten Ressourcen wie Rohstoffen und Energie bei gleichzeitiger Reduktion von Emissionen und Abfällen sicher.

Vier strategische Leitlinien als Antwort auf globale Herausforderungen

Als Antwort auf die bestehenden Herausforderungen im globalen Wettbewerb hat BASF vier strategische Leitlinien formuliert:

- Wir verdienen eine Prämie auf unsere Kapitalkosten
- Wir helfen unseren Kunden erfolgreicher zu sein
- Wir bilden das beste Team in der Industrie
- Wir wirtschaften nachhaltig für eine lebenswerte Zukunft

In 2009 erzielte die BASF Gruppe mit rund 105 000 Mitarbeitern an mehr als 350 Produktionsstandorten und mit Kunden in fast allen Ländern der Welt einen Umsatz von 50,7 Milliarden Euro sowie ein EBIT von 3,68 Milliarden Euro.

Entwicklung und Organisation des Controllings innerhalb der BASF

Die Organisation des Controllings der BASF-Gruppe folgt der oben kurz beschriebenen Aufbauorganisation. Jeder der 14 Unternehmensbereiche verfügt über einen Unternehmensbereichscontroller. Der Unternehmensbereichscontroller berichtet direkt an den Unternehmensbereichsleiter. Jeder Unternehmensbereich organisiert sich in drei bis sechs Geschäftseinheiten mit jeweils einem Geschäftseinheitscontrolling. Die Geschäftseinheitscontroller berichten in den meisten Fällen direkt an den Geschäftseinheitsleiter, in einigen Fällen auch direkt an den Unternehmensbereichscontroller. In jedem Fall aber besteht eine fachliche Führung durch den Unternehmensbereichscontroller.

Viele transaktionale Prozesse sind in Shared Service Centern zentralisiert

Bei BASF sind viele transaktionale Prozesse in Shared Service Centern und Competence Centern zentralisiert mit der Folge, dass das Unternehmensbereichscontrolling zum Beispiel nicht in die täglichen Finanz- und Rechnungslegungsprozesse involviert ist. Primäre Aufgabe des Controllings ist die Bereitstellung und Analyse von Informationen, um die Transparenz über die Wirtschaftlichkeit und damit die Voraussetzungen für Geschäftsentscheidungen sicherzustellen. Darüber hinaus muss das Controlling zunehmend geschäftsbedingte Risiken erkennen und beurteilen sowie die Weiterentwicklung des Geschäfts von Unternehmensbereichen und Geschäftseinheiten im Dialog mit den operativ Verantwortlichen mitgestalten.

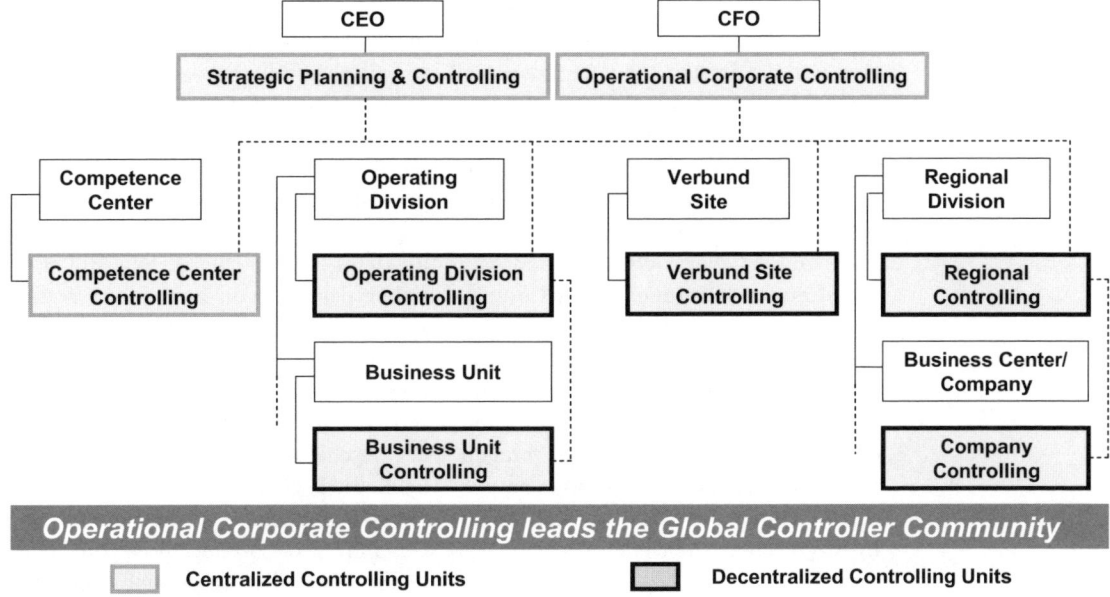

Abbildung 9: Die Controllingorganisation bei der BASF

Daneben existieren Controllingstrukturen in den Zentraleinheiten, den Competence Centern, Service Plattformen, (Verbund-)Standorten und in den Regionalbereichen. Seit 2005 gibt es auf Gruppenebene neben dem Zentralbereich »Strategic Planning and Controlling« auch eine Zentralabteilung »Corporate Controlling« mit operativem Schwerpunkt. Das Corporate Controlling führt die Kopfstellen der anderen Controllingeinheiten, insbesondere die der Unternehmens- und Regionalbereiche, fachlich.

Der Zentralbereich Strategic Planning and Controlling fokussiert sich auf strategische Aufgaben mit einem mittleren und längeren Zeithorizont. Hierzu gehören die Geschäftseinheitsstrategien, die strategische Positionierung der Geschäftseinheiten, die daraus abgeleitete Ressourcenallokation und -planung (Sachinvestitionen, M&A und F&E), die operative Jahres- und Mittelfristplanung, die Wirtschaftlichkeitsrechnung und die Führung der Investitionssteuerungsausschüsse (Sach- und Finanzanlagen, IT und Immobilien). Die Einheit berichtet direkt an den Vorstandsvorsitzenden.

Die Zentralabteilung Corporate Controlling ist direkt dem CFO unterstellt. Sie hat Aufgaben mit einem kurzfristigeren, meist bis 12-monatigen Zeithorizont. Hierzu gehören die operative und die Managementberichterstattung sowie die Koordination des Forecasting. Das Corporate Controlling erstellt Analysen in Zusammenhang mit dem aktuellen Geschäftsverlauf für das Topmanagement, insbesondere zu Umsätzen und Aufträgen, Margen und Kosten, Umlaufvermögen und Auslastungen. Gruppen-

Das Zentralcontrolling ist direkt dem CFO unterstellt

weit werden hier Effizienzprogramme koordiniert, Wertmanagement organisiert und die Strategie zur Berichterstattung abgestimmt. In direktem Zusammenhang hierzu gehört auch die Führung globaler Applikationssysteme, in denen die global definierten Key Performance Indicators (KPI), die in der BASF nach einheitlicher Definition und Methodik ermittelt werden, für alle Controllinginstanzen vorgehalten werden. Daneben nimmt die fachliche Führung der Controller Community mit der Koordinierung gemeinsamer Initiativen und dem regelmäßigen Austausch breiten Raum ein. Auch die Gestaltung von globalen Personalentwicklungskonzepten im Controlling stellt eine Kerntätigkeit dar.

Weiterentwicklung der Controller-Rolle

Projekt Business Partnering

Seit 2006 existiert ein Mission Statement für die Controller Community

Im Jahr 2006 hat sich die Controller Community der BASF eine Controller Mission gegeben:

Ausgehend von dieser Mission wurde in den letzten Jahren der Weg erarbeitet, wie diese erfüllt werden kann. Hierzu wurde das Bild des Controllers als Businesspartner entwickelt. Der Controller als Businesspartner verfügt nicht nur über die notwendigen Fachkompetenzen. Er übernimmt auch Verantwortung für den geschäftlichen Erfolg und stellt sicher, dass der von ihm miterarbeitete strategische Pfad eingehalten wird. Controller sorgen damit nicht nur für die notwendige Transparenz, sondern müssen gleichzeitig unternehmerisch wie der Geschäftsleiter denken und handeln. Schließlich kommt ihnen die Rolle zu, gemeinsam und partnerschaftlich das Geschäft als Co-Pilot, Navigator oder rechte Hand des Geschäftsführers voranzutreiben, gleichzeitig aber konstruktiv und proaktiv Prämissen, Vorentscheidungen und Geschäftsentwürfe auf den Prüfstand zu stellen und den Advocatus Diaboli zu spielen.

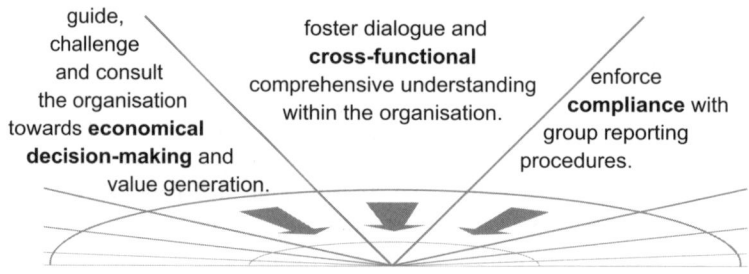

Abbildung 10: Die »Controller Mission«, die sich die Controlling-Community gegeben hat

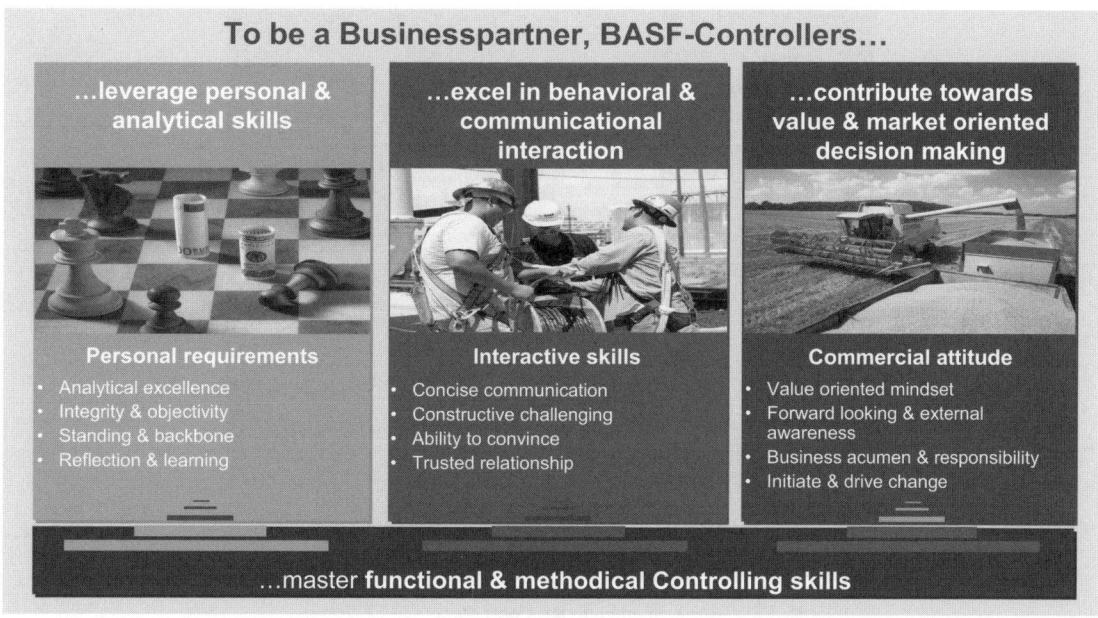

Abbildung 11: Business Partnering Elements

Business Partnering Elements

In diesem Spannungsfeld sind besondere Fähigkeiten gefragt, die drei Feldern zugeordnet wurden:

- Persönliche Anforderungen
- Interaktive Fähigkeiten
- Geschäftssinn

Viele dieser Fähigkeiten sind selbstverständlich auch in anderen Funktionen in besonderem Maße gefragt. Letztlich ist es die Kombination dieser Elemente, die das Bild eines Rollenmodells im Controlling zeichnet: Analytische Fähigkeiten, Integrität, Verlässlichkeit und Rückgrat, konstruktives Infragestellen, Überzeugungskraft in der Argumentation, Wertorientierung und zupackender Geschäftssinn. Es wird deutlich, dass Business Partnering eine Geisteshaltung und ein Verhalten beschreibt. Sicher unterstützen und erleichtern aufbau- und ablauforganisatorische Maßnahmen ein solches Verhalten, per Knopfdruck lässt es sich aber nicht umsetzen. Der Weg ist hier das Ziel. Für die Begleitung im Alltag mögen die abstrakten Verhaltenseigenschaften auch nicht für jeden die adäquate Anleitung sein. Plastischer ist vielleicht das Verständnis des Geschäftsleiters als Kurzantwort auf die Frage: »Was macht einen guten Controller aus?«.

Was macht einen guten Controller aus? — 12 Thesen

Plakative Statements formen in ihrer Gesamtheit ein Bild. Keines genügt für sich allein. Sie eignen sich aber sehr gut,

Die Kombination verschiedener Fähigkeiten macht das Rollenbild des Controllers aus

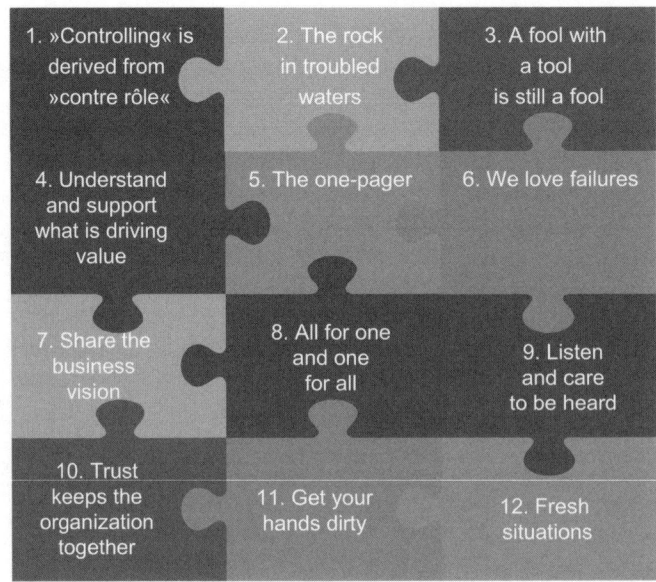

Abbildung 12: Was macht einen guten Controller aus – 12 Thesen

Die Tragfähigkeit von Konzepten auf den Prüfstand stellen

für den Einstieg in eine Diskussion, um die Rolle des Businesspartners zu ermöglichen.

Controlling is derived from »contre rôle« – Controlling als »contre rôle«

Wesentlich ist nicht nur, wie der Controller sich selbst sieht, sondern auch wie ihn sein Geschäftsleiter sieht. Dem Controller kommt die Rolle als Herausforderer, als Advocatus Diaboli zu, ähnlich wie es der französische Begriff »contre rôle« umschreibt. Die Geschäftsverantwortlichen benötigen jemanden, der die Tragfähigkeit ihrer Konzepte auf den Prüfstand stellt. Während andere hierzu mit qualitativen Statements auftreten können, kann und muss der Controller seine quantitativen Werkzeuge einsetzen. Transparenz und Objektivität verhindern in der intellektuellen Auseinandersetzung schnell eine schädliche Emotionalität. Der Controller verfügt hierbei über den Vorteil, seine Positionen mit einem Preisschild versehen zu können. Hierzu eignen sich zum Beispiel Simulationen, Sensitivitätstests und Szenarien.

The rock in troubled waters – Der Fels in der Brandung

Ein guter Controller ist wie ein Fels in der Brandung. Hierzu gehört eine geradlinige und vor allem konsistente Argumentation. Controller müssen sich nicht einschmeicheln. Methoden sollen angewandt werden, um vergleichbare Ergebnisse zu erzielen, nicht um gewünschte Resultate zu trimmen. Auch wenn es selten laut geäußert wird: Vom Controller wird erwartet, dass er die brutalen, nackten Fakten zeigt. Die Kunst liegt selbstverständlich in der Art der Übermittlung, die richtige Tonalität erleichtert die Akzeptanz. Kreativität in der Buchhaltung ist nicht gefragt, wohl aber bei der Entwicklung von Lösungsansätzen.

A fool with a tool is still a fool – Ein Instrument ist nur so gut wie sein Anwender

Wie oft hat man nicht das Versprechen gehört: Mit dem neuen Tool wird alles einfacher und viel besser? Auch bei den ausgeklügeltsten Berichterstattungs- und Analysesystemen liegt die Kunst immer noch in der richtigen Anwendung. Hierfür ist es zum einen notwendig, das Instrument richtig zu verstehen. Zum anderen hilft aber auch das Verständnis des Instruments nicht, wenn der geschäftliche Hintergrund intellektuell nicht richtig erfasst wurde. Der Raum für Fehlinterpretationen ist groß. Der Controller muss hinter die blanken Zahlen steigen. Jeder Standardbericht kann auf Knopfdruck von einer Maschine erstellt werden. Gute Controller erzählen die Geschichte dahinter.

Understand and support what is driving value – Die Werttreiber kennen und wertsteigernd nutzen

Wenn unklare Aussichten den Blick auf die künftige Geschäftsentwicklung verstellen, dann muss zumindest das Controlling Klarheit über die aktuelle Situation schaffen. Gewöhnlich fehlt es nicht an Informationen, sondern an der richtigen Auswahl. Insbesondere in Krisenzeiten, wenn der Blick durch eine Vielzahl von Fehlentwicklungen verstellt ist, benötigt das Management Klarheit darüber, wo Wert geschaffen wird, wo er vernichtet wird und welche Maßnahmen substanziell die Situation verbessern. Es ist dann entscheidend, die richtigen Werthebel zu identifizieren, um die Ressourcen der Organisation effizient und effektiv zu bündeln.

The one-pager – »Alles auf eine Seite«

Entscheidungsträger leiden unter zu viel und übergenauer Information. Meist ist die Realität komplex und die Zeit der Entscheidungsträger knapp bemessen. Viele Entscheidungsvorbereiter delegieren Verantwortung nach oben, indem sie die Komplexität nicht auflösen, sondern in allen ihren Verästelungen darstellen. Eine Kunst und das Ergebnis harter Arbeit hingegen ist es, den roten Faden zu finden, alles nicht Notwendige wegzulassen und alle Information auf das Wesentliche zu reduzieren. Bildlich und vielleicht auch praktisch gesprochen muss es das Ziel sein, »alles auf eine Seite« zu bringen. Qualität kommt hier von »quälen«.

We love failures – Aus Fehlern lernen

Schönwetterkapitäne gibt es viele, erprobte und erfolgreiche Krisenmanager schon deutlich weniger. Krisenzeiten sind die Gelegenheit für Controller, sich auszuzeichnen. Insbesondere in Turnaround-Situationen ist derjenige gefragt, der ungeschönte Transparenz in die Faktenlage bringt und damit in der Lage ist, alles auf den Prüfstand zu stellen. Niemand hat besseren Zugang zu diesen Fakten als die Mitarbeiter im Control-

Gute Controller erzählen die Geschichte hinter den Zahlen

Gute Controller sind Katalysatoren des Lernens aus Fehlern

ling. Gleichzeitig bilden diese Situationen den idealen Nährboden für Lernerfolge in Bezug auf Menschen und Geschäft und sind so wichtig für die weitere Entwicklung der Organisation. Aus Misserfolgen lernt man am besten und gute Controller sind Katalysatoren dieses Lernens.

Share the business vision – Die Geschäftsvision verinnerlichen

Der typische Rollenkonflikt im Controlling wird an der Sicht auf das Geschäft deutlich. Auf der einen Seite ist schonungslose Objektivität gefragt: die contre rôle. Auf der anderen Seite braucht es leidenschaftliche Hingabe für das Geschäft. Nur wer in der Lage ist, die Sicht des Geschäftsleiters zu seiner eigenen zu machen, versteht, was auf dem Spiel steht und wird für die beste Lösung kämpfen. Der Rollenkonflikt löst sich mit der wahrhaft unternehmerischen Einstellung wieder auf, immer so zu agieren, als wäre das Geschäft mit eigenem Kapital finanziert. Auf dieser Ebene können Controller und Geschäftsleiter sich auch abseits aller Sachkonflikte immer wieder einvernehmlich treffen. Der Controller ist damit integraler Bestandteil des Managementteams, eingeschworen auf die gemeinsamen Ziele.

All for one and one for all – Einer für alle, alle für einen

Erfolgreiche Controllingeinheiten tendieren dazu, die Arbeit anzuziehen, denn Arbeit bewegt sich immer dorthin, wo sie gemacht wird. Jeder Controller ist nur so gut wie sein Team. Allein schon aus Selbstschutz muss es das Interesse jeder Controllingabteilung sein, ein attraktiver Arbeits- und Entwicklungsplatz für Talente zu sein. Gute Kommunikationsfähigkeiten sind daher nicht nur in Richtung Geschäftsleiter gefordert, sondern auch in Richtung des eigenen Teams. Gute eigenverantwortlich arbeitende Mitarbeiter suchen unprätentiöse, weitgehend hierarchiefreie, direkte und mannschaftsdienliche Zusammenarbeit. Über das eigene Team hinaus ist es das selbst erarbeitete Netzwerk mit der Controller Community, den Funktionen und den Geschäftsleitern, das bei den vielfältigen Herausforderungen den Unterschied macht.

Listen and care to be heard – (Zu)hören und gehört werden

Ein guter Controller hat seine Ohren überall und einen Platz in allen wichtigen Diskussionen. Dabei wird er regelmäßig mit Situationen konfrontiert, in denen in Finanz- und Rechnungswesenthemen holprig argumentiert wird. Die Kunst der Controller besteht dann darin, die Business-Logik dahinter zu erkennen, die Idee aufzunehmen und weiterzuentwickeln und gegebenenfalls komplexe Zusammenhänge klar und leicht in der Diskussion verständlich darzustellen. Das ist die Gelegenheit, Richtung zu weisen, Entscheidungen zu beeinflussen und ökonomisches Verständnis auf angemessene Weise sicherzustellen.

Trust keeps the organization together – Vertrauen hält die Organisation zusammen

Der Controller ist kein Polizist auf der Suche nach richtig und falsch. Häufig

Gute Controller haben einen Platz in allen wichtigen Diskussionen

muss er hinter die reine Faktenlage gelangen. Umfang und Qualität der Hintergrundinformation, die der Controller erhält, hängen davon ab, wie er mit den Informationen umgeht. Auch im Controlling bestimmt das Verhältnis von Geben und Nehmen die Zwischentöne. Es geht dabei nicht darum, Dinge zu verschleiern, sondern darum, frühzeitig Kenntnis von wichtigen Entwicklungen zu erlangen, die Menschen aber vor unangemessenen zwischenmenschlichen Reaktionen zu schützen. Erst verantwortungsvoller Umgang mit Fehlern führt zu einer konstruktiven Fehlerkultur.

Get your hands dirty – Die Ärmel hochkrempeln

Management by helicopter ist etwas für Frühstücksdirektoren. Auch wenn manch einer es uns glauben machen möchte, weder im Geschäft noch im Controlling gibt es einen Autopiloten. Meist ist es notwendig, einen zweiten tieferen Blick hinter die oberflächliche Faktenlage zu werfen, um das richtige Verständnis über den Sachverhalt zu erlangen. Hierbei sollte man sich nicht auf Sekundärquellen verlassen, sondern mit den eigenen Ressourcen den Dingen auf den Grund gehen. Dabei gewinnt man auf der einen Seite Geschäftskenntnis und auf der anderen Seite Respekt aus der Organisation.

Fresh situations – Neue Lage, neue Chancen

Die Geschäftswelt steckt voller Überraschungen. Diese treten aber nicht zufällig auf, sondern sind Ergebnis der Entscheidungen und Handlungen ihrer Akteure. Vergleichbar mit einem Schachspiel plant jeder seine nächsten Züge in Abhängigkeit von den angenommenen Bewegungen der Mitspieler beziehungsweise Kunden, Lieferanten und Konkurrenten. Fasst man diese Bewegungen als intellektuelle Herausforderungen auf, so wird es zu einer faszinierenden geistigen Aufgabe, die richtigen Antworten zu finden. Genauso wie beim Schachspiel muss der Controller bereit sein, sich von Zahlen überraschen zu lassen, und bereit sein, neue Muster hinter ihnen zu entdecken. In jeder neuen Bewegung steckt auch eine Chance.

Business Partnering im Controlling kann man nicht verordnen, leider gibt es auch kein Tool, mit dem Business Partnering eingeführt werden kann. Wie die 12 Thesen formt ein Mosaik aus bestimmten Verhaltensmustern das Leitbild des Controllers. Im Wesentlichen ist es interaktives, kommunikatives und unternehmerisches Verhalten, das traditionelle Muster ergänzen soll. Verhalten ist trainierbar, zumindest innerhalb gewisser Grenzen. Auf der anderen Seite gibt es auch tief in der Persönlichkeit der Mitarbeiter verwurzelte Merkmale, die nicht oder nur über einen sehr langen Zeitraum geändert werden können. Daher müssen bereits bei der Rekrutierung und insbesondere bei der Personalentwicklung die Business Partnering-Kompetenzen als Auswahlkriterium herangezogen werden.

Wenn es auch keinen Schalter gibt, den man umlegen und Business Partnering damit einführen kann, so gibt es doch Wege, die die Organisation beschreiten kann. Da Aspekte menschlichen Verhaltens im Mittelpunkt stehen und diese

Neue Situationen als Chance betrachten

sich aller Erfahrung nach nur langsam ändern, muss man von einem mehrjährigen Change-Management-Prozess ausgehen. Letztlich steht nicht nur das Verhalten der Controller zur Änderung an, sondern auch das der Geschäftsleiter.

Business Partnering-Projekt und Verzahnung mit Personalentwicklungsinstrumenten im Controlling

Das Projekt »Business Partnering« umfasste drei Phasen

Im Folgenden wird beschrieben, wie Corporate Controlling vorgegangen ist, um Business Partnering im Rahmen eines Projektes einzuführen und zu forcieren. Das Projekt wurde in drei Phasen unterteilt. In der ersten Phase wurde der derzeitige Stand der Controller bezüglich Business Partnering ermittelt, die so genannte Business Partnering Maturity Evaluation. Daran anschließend wurden die Ergebnisse im Business Partnering-Workshop mit den Bereichscontrollern diskutiert. Im weiteren Verlauf des Projekts standen Ergebnisse in Business Partnering-Foren weltweit zur Einsichtnahme und Diskussion. In allen drei Phasen unterstützte die Managementberatung CTcon die BASF als Berater.

In der Vorbereitungsphase zur Business Partnering Maturity Evaluation legte ein Lenkungsausschuss (bestehend aus Vertretern von Corporate-, Unternehmensbereichs-, Regionalbereichs-, Competence Center Controlling sowie HR) die Business Partnering Elements fest. Anschließend führte CTcon fragebogengestützte Interviews mit dem CEO, CFO, je 20 Unternehmensbereichs-, Regionalbereichs- und Competence Center Controllern und ihren direkten Vorgesetzten/Geschäftsleitern sowie mit je 20 Geschäftseinheitscontrollern und ihren

Abbildung 13: Überblick über das Business Partnering-Projekt

direkten Vorgesetzten/Geschäftsleitern durch. Hier wurden die Business Partnering Maturity und Erwartungen der Controller an sich selbst beziehungsweise der Geschäftsleiter an die Controller erfragt. Anschließend wurden die Abweichungen in den Erwartungen und in der Performance analytisch aufgearbeitet und zur Vorbereitung der Business Partnering-Workshops und Foren genutzt.

Im Ergebnis lässt sich festhalten:

- Das Verhältnis zwischen Controllern und ihren Geschäftsleitern ist, wie es die organisatorische Verankerung auch nahelegt, sehr eng.
- Die Zufriedenheit der Geschäftsleiter mit ihren Controllern ist sehr hoch, wobei die Streuung der Ergebnisse auf Ebene der Geschäftseinheitscontroller größer ist als auf der Ebene der auch deutlich erfahreneren Unternehmensbereichscontroller.
- Der Controller wird von den Geschäftsleitern im Durchschnitt als Businesspartner gesehen, wobei auf der Unternehmensbereichsebene ein moderneres Controllerbild als auf der Geschäftseinheitsebene besteht.
- Entwicklungspotenzial ergibt sich im Wesentlichen im Bereich der interaktiven Kompetenzen.
- Tatsächlich wünschen sich die Geschäftsleiter von ihren Controllern doch etwas mehr den Advocatus Diaboli auf der einen Seite und auf der anderen noch etwas mehr Ideen für das Geschäft.
- Die Controller auf der anderen Seite haben das Projekt gerne genutzt, um ihrerseits Erwartungen und Vorschläge für ihre Entwicklung und die

Talent Development
- **Increase diversity** on **multiple** layers, e.g.
  - Fostering Controller development by increasing permeability between functions (e.g. finance, purchasing, business)
    ⇨ Widen Controllers' competency set by early sidesteps into business
  - Nationality, gender and age
- **Talent Pool** and **Development Positions** in and outside Controlling
- BU Controllers as a part of the **management team**
- Close **interaction** of BU-Controllers with OD-Controllers

Broad Communication
- **Communicate** »Business Partnering @ BASF Controlling« to **Controllers** and **Business**
- Present Controlling @ BASF to young graduates
- **Transparency on career development** and opportunities in Controlling, e.g. in the intranet
- Regular **welcome webcast** for new Controllers

Business Acumen
- Consider **broadening** of Controllers' responsibility scope through job enlargement, e.g. SCM, IT
- Strengthening Controllers' **market intelligence** (industries, competitors, customers...)
- **Optimize governance tasks and resources** for business topics

Training / Community Building
- Business Partnering part of **Finance & Controlling Academy**
- **Controlling trainings for non-Controllers** part of Finance & Controlling Academy
- **Community building** for Controllers, e.g. by workshops from Controllers for Controllers, Controller meetings

Abbildung 14: Maßnahmenmatrix Personalarbeit im Controlling

Maßnahmenmatrix zur Personalarbeit im Controlling

der Controller Community zu formulieren.

Aus den Interviews, den Business Partnering-Workshops und Foren wurden viele Anregungen aufgenommen und in die Personalarbeit im Controlling integriert. Diese Arbeit wird durch das Corporate Controlling konzipiert. Der Lenkungsausschuss verabschiedet einen Maßnahmenplan, dessen Umsetzung wieder durch das Corporate Controlling koordiniert wird. Diese Maßnahmenmatrix zur Personalarbeit im Controlling umfasst vier Quadranten: Talent Development, Business Acumen, Broad Communication und Training / Community Building und umfasst exemplarisch nachfolgende Inhalte für die nächsten Jahre, wie sie in Abbildung 14 dargestellt sind.

In Zusammenhang mit dem Projekt Business Partnering ergaben sich verschiedene Schwerpunkte. So sollen im Bereich Talent Development die Verbreiterung der Kenntnisse und der Erfahrungen in einer frühen Phase der Karriere gefördert werden und Talente aus anderen Disziplinen ins Controlling aufgenommen werden. Eine größere Nähe zum Geschäft soll durch gezielte Verbreiterungen der Verantwortungsbereiche im Controlling erreicht werden. Über Unternehmensbereichsgrenzen hinweg soll die Vernetzung der Controller Community verbessert und Karriereentwicklungen transparenter gemacht werden. Schließlich wird die Trainingslandschaft neu geordnet und Business Partnering zum regelmäßigen Inhalt.

5 Was können wir lernen?

Nun haben wir einiges über Anforderungsprofile von Controllern gelernt und erfahren, wie sie von der Praxis gesehen und bewertet werden. Im Folgenden wollen wir, wie in der Schriftenreihe Advanced Controlling gewohnt, noch kurz erläutern, wie Sie in Ihrem Unternehmen von den eben vorgestellten Inhalten und empirischen Ergebnissen profitieren können.

Werden Sie sich über die Anforderungsprofile in Ihrem Unternehmen bewusst!

Wir haben gesehen, welche aufschlussreichen Inhalte von Anforderungsprofilen durch qualitative Studien zu Tage gefördert werden. Die Daten für diese qualitativen Studien wurden in zahlreichen Interviews erhoben. Solche Interviews mit Controllern und Managern können in allen Unternehmen geführt werden. Das Praxisbeispiel der BASF zeigt, dass Gespräche mit Controllern und Managern im Veränderungsprozess der Controllerrolle hin zum Businesspartner ein essenzieller Bestandteil waren.

Nutzen Sie also die Chance und erheben Sie für Ihr Unternehmen spezifische Controller-Anforderungsprofile und finden Sie heraus, in welchen Positionen welche Schwerpunkte liegen. Die in den vorangegangenen Kapiteln vorgestellten Ergebnisse können hier als wertvolle Anregung und Hilfestellung dienen. Für eine solche Erhebung innerhalb Ihres Unternehmens kann das Know-how der Mitarbeiter der Personalabteilung ideal mitgenutzt werden. Diese sind mit dem Bereich Human Resources vertraut, können bei der Erhebung von unternehmensindividuellen Anforderungsprofilen viel Erfahrung einbringen und bei der Konzipierung und Durchführung der Interviews mithelfen. Sobald erste Ergebnisse vorhanden sind, sollten sie gut dokumentiert werden. Schreiben Sie die unterschiedlichen Anforderungen – je nachdem für welche Position – detailliert nieder. Von dieser Dokumentation können alle Beteiligten profitieren. Beim nächsten Stellenbesetzungsprozess von Controllern – ob die Bewerber nun von intern oder extern kommen – herrscht nicht mehr großes Rätselraten, nach welchen Anforderungen primär Ausschau gehalten werden soll. Weiterhin haben die Teilnehmer, die dann für das Unternehmen im Bewerbungsgespräch mit am Tisch sitzen, einen Leitfaden an der Hand. Damit sind die Zeiten vorbei, in denen solche Gespräche

Auch in Ihrem Unternehmen können Sie Interviews führen!

»blind« geführt werden. Dies beugt den eingangs erläuterten Fallstricken vor. Doch nicht nur der Recruitingprozess, sondern auch die Personalentwicklung kann von einer solchen Erhebung profitieren, weil mögliche Qualifikationslücken der Controller im Unternehmen leichter bestimmbar sind.

Wie auch schon in Kapitel 2 angeklungen, sind solche Anforderungen an Controller dynamisch und verändern sich mit der Zeit. Daher sollten die Profile immer wieder überprüft und aktualisiert werden.

Controlling-Leitbilder schaffen gemeinsames Controllingverständnis

Gemeinsam sind Controller stark!

Schaffen Sie ein Controlling-Leitbild und definieren Sie Controller-Rollen

Eine weitere Erkenntnis aus den Inhalten dieses Advanced Controlling-Bandes ist die Etablierung eines Controller-Leitbilds, wie es auch am Praxisbeispiel in Kapitel 4 veranschaulicht wurde. Darin ist das Selbstverständnis der Controller im Unternehmen, ähnlich einem Mission-Statement, festgeschrieben. Zugleich sollte in diesem Zusammenhang die Controller-Rolle – aber natürlich eine entsprechend zeitgemäße – definiert werden. Viele Interviewpartner und dabei insbesondere die Manager forderten moderne Controller-Rollen wie den kritischen Counterpart, den Businesspartner oder den Navigator, räumten aber gleichzeitig auch Schwierigkeiten ein, diese Rollen im Unternehmen umzusetzen. Zu sehr sind manche Controller noch in der alten Denke des Zahlenknechtes und Erbsenzählers verhaftet, zu sehr hatte man sich in der Vergangenheit mit diesen Rollen der Controller zufriedengegeben. Ein Leitbild, in dem die Controller-Rolle festgeschrieben ist, hat hier sicherlich mehr als nur symbolischen Charakter, wie auch das Beispiel der BASF eindrucksvoll beweist. Für die Anforderungen an Controller im Unternehmen haben Leitbild und Rollendefinition den Charme, dass davon ausgehend leichter Anforderungen definiert und begründet werden können. Spätestens dann, wenn im Rahmen einer Neueinstellung die Wahl zwischen einem stillen SAP-Kenner und einem kommunikativen SAP-Neuling besteht, können Controller beim Entscheidungsträger mit guten Argumenten intervenieren, um den Wunschkandidaten durchzusetzen.

Verfolgen Sie mit Controller-Anforderungen einen Portfolio-Ansatz

In diesem Advanced Controlling-Band ist einmal mehr deutlich geworden, dass das Controllerdasein kein leichtes ist, aber viele Chancen für das Unternehmen und die Controller selbst bietet. Controller müssen viel leisten, viel wissen, viel können. Dabei darf jedoch nicht der Eindruck entstehen, dass alle Controller mit all den breit erläuterten Fähigkeiten gleichermaßen ausgestattet sein können. Schon allein im Bereich der persönlichen Fähigkeiten wird es naturgemäß Unterschiede geben, nicht jeder ist der geborene Kommunikator. Aber auch nicht jeder Controller versteht das Geschäft des Unternehmens gleichermaßen. Wie auch? Unterschiede können allein schon daher rühren, dass der eine frisch ins Unternehmen eingetreten ist und über die Branche noch gar nicht Bescheid weiß, der andere als »alter Hase« das Geschäft des Unternehmens schon seit Jahren wie seine Westentasche kennt. Und auch bei fachlich-methodischen Fähigkeiten kann nie von gleichem Niveau ausgegangen werden. Da braucht nur der eine Controller während des Studiums IFRS-Inhalte gehört haben und schon kann er von diesem Wissen profitieren, wenn der Geschäftsbereich auf IFRS-Berichterstattung umstellt. Aus all diesen Gründen kann es sinnvoll sein, bei den Controller-Fähigkeiten in Portfolios zu denken. Nicht alle Controller können alles gleichermaßen, aber wenn im Team, in der Abteilung verschiedene Fähigkeitenschwerpunkte vertreten sind, können die jeweiligen Controller verstärkt situationsbezogen eingesetzt werden. Interessant wird ein solches Portfolio nicht nur im weiter zunehmenden Projektgeschäft. Das macht den Controllerbereich flexibel, eine Tatsache, die für zukünftige Entwicklungen immer Vorteile verschafft.

Etablieren und fördern Sie eine aktive Controlling-Community

Die zahlreichen Interviews mit Controllern, Managern und Personalern haben Notwendigkeiten zu Tage gefördert, die – nur vordergründig – nichts mit einem Anforderungsprofil zu tun haben. Immer wieder, egal von welcher Seite und auf welcher hierarchischen Ebene, wurde die Notwendigkeit intensiver Zusammenarbeit von Controllern betont. Auch das Praxisbeispiel der BASF hebt diese Aspekte hervor. Sowohl in kleineren Unternehmen mit flachen Hierarchien als auch in Großunternehmen mit weniger überschaubaren Strukturen können Controller durch informelle Netzwerke enorm profitieren. Dies hatten wir vor allem in Bezug auf die Anforderung der Kommunikationsfähigkeit gezeigt. Demnach müssen Controller auch deswegen gute Kommunikatoren sein, um an Inhalte zu kommen, die im Unternehmen nicht völlig transparent und sofort zugänglich sind. Hier kommen informelle Netzwerke, beispielsweise in Form einer Community of Practice ins Spiel. Dabei handelt es sich um eine informelle Gruppe von Mitarbeitern, die sich durch Expertise und Interesse an einem bestimmten unternehmerischen Praxisbezug auszeichnet – in diesem Fall also im Hinblick auf das Controlling (vergleiche Wenger/Snyder 2000, S. 139 ff.). In einer aktuellen Studie am Institut für Management und Controlling wurde in einigen Großunternehmen die Existenz einer solchen Controlling-Community bejaht (vergleiche Nevries/Linnenlücke 2008, S. 160). Doch dieses Konzept ist für jede Unternehmensgröße geeignet. Es gilt, alle Controller eines Unternehmens oder – bei besonders großen Unternehmen – die Controller eines Geschäftsbereichs regelmäßig zu informellen Treffen an einen Tisch zu bringen. Über eine Community lassen sich unter anderem zwei Ziele erreichen: Zum einen ist eine Community ein Forum zum Austausch von Wissen und Know-how, zum anderen ein Instrument zur ganzheitlichen Gestaltung von Kooperationen. Über eine Community kann es gelingen, vertrauensvolle und durch gegenseitige Achtung geprägte Beziehungen zwischen Vorgesetzten, Kollegen und Mitarbeitenden zu schaffen, die die Basis für eine effektive Zusammenarbeit bilden.

Dabei sollen jedoch nicht nur Versammlungen mit Frontalpräsentationen und damit hochformellem Charak-

Holen Sie Controller regelmäßig an einen Tisch!

Eine Controlling-Community braucht auch informelle Treffen

ter im Vordergrund stehen. Regelmäßige Stammtische, Team-Building-Events oder Working Lunches sollten genauso mit dabei sein. So bildet sich unter den Controllern eine aktive Community, informelle Netzwerke werden errichtet und die Zusammenarbeit auf Dauer effizienter. Der eben vorgestellte Portfolio-Ansatz lässt sich in einer funktionierenden Controlling-Community viel leichter etablieren, da die Controllerfähigkeiten in einer solchen Community leichter zugänglich und transparenter sind. Ergänzt werden kann das Ganze durch ein Social-Networking-Tool, das beispielsweise im Intranet des Unternehmens aufgesetzt wird. Hier ist es möglich, Controller mit Foto und selbsteingeschätzten Kernkompetenzen sichtbar zu machen, sodass auf das Wissen von Mitgliedern der Community durch andere Mitglieder schnell zugegriffen werden kann.

Fazit

Wer anspruchsvolle Aufgaben im Unternehmen wahrnimmt, hat ein ebenso herausforderndes Anforderungsprofil. Das ist in diesem Advanced Controlling-Band deutlich geworden. Wenn sich Controller nur mit dem Sammeln und Aufbereiten von Zahlen zufrieden geben, dann genügen die Fähigkeiten im fachlich-methodischen Bereich. Wie wir aber an den vielen Aussagen gesehen haben, geben sich weder Controller und erst recht nicht Manager mit einer solchen Rolle zufrieden. Manager wollen beraten werden, wollen sich auf »ihre« Controller partnerschaftlich verlassen können, brauchen aber auch den »Gegenwind« des kritischen Counterparts. Auch das wurde in den Aussagen deutlich. Controller nehmen diese Herausforderungen gerne an. Dazu müssen sie aber mit anspruchsvollen Fähigkeiten ausgestattet sein, das fachlich-methodische Wissen reicht nicht mehr, auch zunehmendes Geschäftswissen kann nicht ausgleichen, wenn im persönlichen Bereich Defizite sind. Das haben wir insbesondere dann gesehen, als wir Manager und Controller zu unterschiedlichen Rahmenbedingungen befragt haben. Meist waren es die persönlichen Fähigkeiten, die in den Augen der Gesprächspartner wichtiger werden, sei es nun in Krisenzeiten, sei es in einem besonders innovativen Umfeld. Der Controller mit Sachbearbeitermentalität sollte also der Vergangenheit angehören. Wie die Bedeutung des Controllings im Laufe der Jahre gewachsen ist, sind die Anforderungen mitgewachsen. Und das bietet Chancen für die Controller. Zum einen muss eine moderne Controller-Rolle, sei es eines Businesspartners, kritischen Counterparts oder Navigators, aktiv gelebt werden und im Unternehmen etabliert sein. Zum anderen muss dies einhergehen mit einem zielgerichteten Ausbauen der eigenen Fähigkeiten, ausgehend von den in diesem Band diskutierten wesentlichen Anforderungen und den individuellen Defiziten. So werden die Controller zu Erfolgsgaranten im Unternehmen und dürfen (als Individuen) berechtigt hoffen, einmal vom Navigator zum Kapitän befördert zu werden.

6 Literaturverzeichnis

Bea, F. X. / Göbel, E. (2002): *Organisation – Theorie und Gestaltung*, 2. Aufl., Stuttgart.

Bea, F. X. / Göbel, E. (2006): *Organisation – Theorie und Gestaltung*, 3. Aufl., Stuttgart.

Bleicher, K. (1991): *Organisation – Strategien, Strukturen, Kulturen*, 2. Aufl., Wiesbaden.

Deyhle, A. (1980): *Controller-Handbuch. Ergänzungsband A*, 2. Aufl., Gauting.

Nevries, P. / Linnenlücke, A. (2008): »Personalmanagement im Controllerbereich – eine Bestandsaufnahme«, in: *Zeitschrift für Controlling & Management*, 52(3), S. 156–161.

Scherm, E. / Pietsch, G. (2007): *Organisation: Theorie und Gestaltung*, München.

Schneider, D. (1991): »Versagen des Controlling durch eine überholte Kostenrechnung – Zugleich ein Beitrag zur innerbetrieblichen Verrechnung von Dienstleistungen«, in: *Der Betrieb*, 44. Jg. (Heft 15), S. 765–772.

Spatz, A. (2008): *Controllership – Messung, Wirkung und Determinanten*, Wiesbaden.

Stock-Homburg, R. (2008): *Personalmanagement: Theorien – Konzepte – Instrumente*, Wiesbaden.

Weber, J. (2008): *Von Top-Controllern lernen*, Weinheim.

Weber, J. (2009): *Erfolg der Controller*, Schriftenreihe Advanced Controlling, Band 68, Weinheim.

Weber, J. / Hirsch, B. / Rambusch, R. / Schlüter, H. / Sill, F. / Spatz, A. C. (2006): *Controlling 2006 – Stand und Perspektiven*, Vallendar.

Weber, J. / Hirsch, B. / Spatz, A. (2007): *Perspektiven des Controllings*, Schriftenreihe Advanced Controlling, Band 55, Weinheim.

Weber, J. / Kosmider, A. (1991): »Controlling – Entwicklung in der Bundesrepublik Deutschland im Spiegel von Stellenanzeigen«, in: *Zeitschrift für Betriebswirtschaft*, S. 17–35.

Weber, J. / Schäffer, U. (1998): »Controlling-Entwicklung im Spiegel von Stellenanzeigen 1990-1994«, in: *krp – Kostenrechnungspraxis* 42 (4): S. 227–234.

Wenger, E. / Snyder, W. (2000): »Communities of practice: the organizational frontier«, in: *Harvard Business Review* (Jan./Feb.), S. 139–145.

Weuster, A. (2004): *Personalauswahl*, Wiesbaden.

7 Stichwortverzeichnis

a
Analytisches Denkvermögen 34
Anforderungsprofil 9 ff., 19, 22, 29, 38, 40, 45 ff., 50, 65, 67 f.
Aufgabenanalyse 11
Aufgabensynthese 11
Aufgabenverteilung 11

b
Businesspartner 7, 9, 19, 50 f., 56, 63, 65 f., 68

c
Controllership 9
Controlling-Community 56, 67 f.

f
Führungsfähigkeiten 38
Flexibilität 38 f. 39, 42, 44, 48
Fremdsprachen 27, 45

g
Geschäftskenntnis 15, 19, 22, 29 ff., 42, 44, 48, 50, 61

h
Hochschulstudium 15, 17 f., 28 f.

i
Innovation 7, 49 f., 53
Internationalisierung 27, 45
Investitionsrechnung 25

k
Kommunikationsfähigkeit 15, 17 f., 31 f., 44, 47, 50, 67
Komplexität 47, 59
Kostenrechnung 9, 23 f., 29 f., 41, 48

l
Leadership 37, 51

n
Neutralität 18, 36 f.

p
Persönliche Anforderungen 57
Portfolio 67
Produktionskenntnis 30
Produktkenntnis 29 f., 40, 42, 46 ff.

q
Qualitative Forschung 19

r
Rechnungslegung 23 f., 45
Recruiting 11

s
Selbstständigkeit 39
Standfestigkeit 15, 18, 33, 35 f., 42 f., 47 f.
Standortcontroller 40 f.
Stelle 10 ff., 17
Stellenanzeigen 15 ff., 28
Stellenbildung 10 f.

t
Teamfähigkeit 18, 33 f., 50 f.
Technisches Verständnis 29, 40

w
Wirtschaftlicher Druck 47 f.

z
Zahlenverständnis 23
Zentralcontroller 24 ff., 32 ff., 36, 38 ff.

In eigener Sache

Ein zentrales Ziel des Instituts für Management und Controlling besteht darin, neueste theoretische Erkenntnisse in die Praxis zu tragen. Dies erfolgt in Vorträgen, Workshops, Arbeitskreisen und im CCM (Center for Controlling & Management), in dem namhafte Großunternehmen mit wissenschaftlichen Mitarbeitern und Studenten eng zusammenarbeiten. Über die Ergebnisse dieser Arbeit wird regelmäßig in der Schriftenreihe Advanced Controlling berichtet. Der Lehrstuhl von Prof. Dr. Dr. h.c. Weber ist seit 2008 Teil des neu gegründeten Instituts für Management und Controlling und arbeitet schon mehr als 15 Jahre eng mit CTcon, einem Spin-off der WHU, zusammen. CTcon ist ein auf Unternehmenssteuerung und Controlling spezialisiertes Beratungs- und Trainingsunternehmen. Seit Jahren setzen führende Konzerne und bedeutende öffentliche Organisationen erfolgreich auf die kompetente Unterstützung von CTcon. Dabei werden die theoretischen Erkenntnisse des Instituts konsequent in innovative Lösungen für die Unternehmenspraxis umgesetzt. Eine gemeinsame praxisbezogene Forschung und ein ständiger fachlicher Gedankenaustausch sind ebenso selbstverständlich, wie die Zusammenarbeit in der Hochschulausbildung sowie in maßgeschneiderten Inhouse-Seminaren.

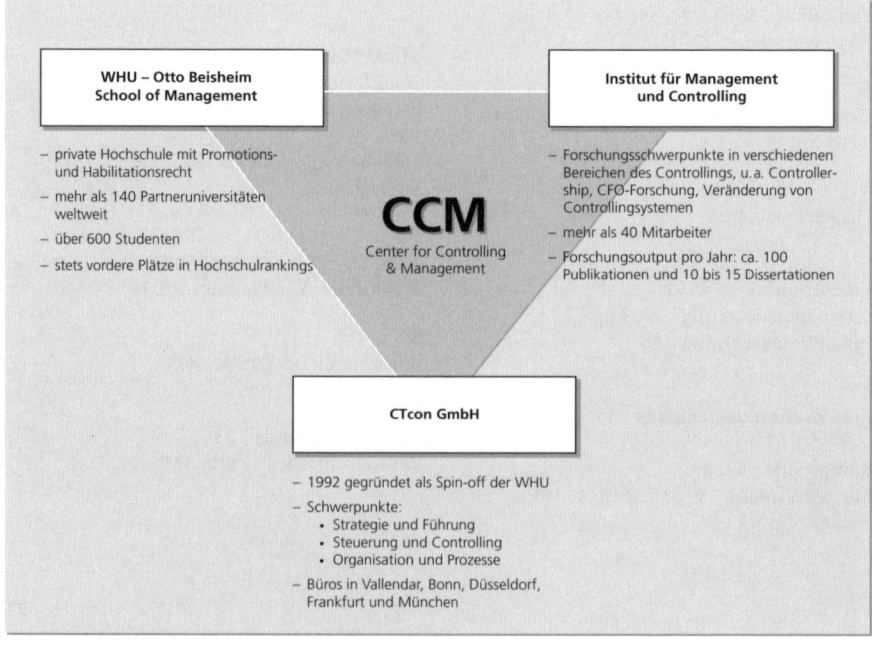